養護教諭成立史の研究

養護教諭とは何かを求めて

近藤真庸
Kondo Masanobu

大修館書店

故　山住正己先生に捧ぐ

はじめに

戦後、学校教育法（一九四七年）によって養護教諭と改称されるまでの足跡を法規の上からみると、国民学校令（一九四一年）による養護訓導《くんどう》の職制化、さらには、一九二九（昭和四）年の文部省訓令「学校看護婦ニ関スル件」までさかのぼることができる。

だが実際には、この訓令よりもはるか以前に、すでに学校看護婦の歴史は始まっている。学校看護婦は法規の有無にかかわりなく、日本の子どもの健康の守り手として、長く学校教育現場に根づいてきたのである。

わが国の学校に初めて看護婦が雇い入れられたのは、一九〇五（明治三八）年九月、岐阜県羽島郡竹ヶ鼻尋常高等小学校および笠松尋常高等小学校であるといわれている。「内務省調査報告」（『大日本私立衛生会誌』第三〇六号、一九〇八・一〇）に記載された同県からの報告には、両校での「学校内治療」の様子がおよそ次のように記されている。

〈校内に治療室を設置し、校医の監督のもとに看護婦がトラホーム罹患児童（軽症者と疑似症者のみ）に対して放課後点眼を行っている。薬品代は月平均八円、看護婦の雇料は一日六〇銭で、それらはすべて校費によってまかなわれている〉

（五六九〜五七〇頁より要約）

トラホーム洗眼治療を学校内で行なうための非常勤・巡回制看護婦として雇用されたのであり、いわば「トラホーム対策という公衆衛生施策が、学校内へ割り込んだ」（杉浦守邦『改訂　養護教員の歴史』東山書房、一九八五年、三頁）にすぎないものであった。

しかし、一九二〇年代（大正末期）に入ると、それまでの《トラホーム洗眼治療を主任務とした学校看護婦》とは明らかに異なる学校看護婦が登場してくる。それは、一九二二（大正一一）年四月、大阪市北区済美学区内の小学校六校すべてに一校一名の割（「一校一名専任駐在制」）で配置された学校看護婦である。その最大の特徴は、「学校看護婦を学校長の監督のもとにある学校職員として位置づけた」（杉浦守邦、前掲書、三九頁）ことにあり、その職務についていえば、《傷病児童に対する治療》だけでなく、《教室および校舎内外の巡視による児童・環境の衛生的配慮》、さらには、《家庭訪問》《家庭看護法の指導》にまで及んでいる点が注目される。

すなわち、大阪市北区済美学区での「一校一名専任駐在制」学校看護婦の出現は、その後、養護訓導、養護教諭という教育職員としてその身分を確立していく、その画期をなすものであったといえる。見方をかえれば、教育現場が学校衛生の重要性を認識し、その不可欠な担い手として学校看護婦を社会的に承認しはじめたことを意味する。

こうした問題意識に立って、「一校一名専任駐在制」学校看護婦の成立過程に目を向けるとき、一つの興味ある事実が浮かびあがってくる。済美学区に学校看護婦が出現する六年前（一九一六年）、東京に集まった大都市部の教育関係者たちの間で、学校看護婦の設置をめぐって、激しい議論がかわされていたのである。そこでの討議は、学校看護婦の設置形態および職務について具体的な点にまで言及しており、そこからその当時の教育関係者が描いていた学校看護婦像がどんなものであったかをうかがい知ることができる。

「一校一名専任駐在制」学校看護婦がどのように構想され、どのように結実していったのか。いっきに八〇余年前にタイムスリップしていただくことにしよう。

養護教諭成立史の開幕である。

〔目次〕

装幀　下川雅敏

養護教諭成立史の研究

——養護教諭とは何かを求めて——

＊史料からの引用にあたっては、旧字体の漢字は新字体に改めた。また読みやすいように、ふりがなを適宜つけた。
＊引用文の中に不適切な表現も含まれているが、歴史的史料であることを考慮して、そのまま引用した。

プロローグ

「第一回　大都市連合教育会」と山口　正の「学校看護婦」構想

山口　正
(1887〜1941)

●一九一六（大正五）年一一月一八日

午後〇時五〇分。壁にかけられた時計が重々しく時を刻んでいる。ここ東京市役所内の市会議事堂には、九大都市（大阪、金沢、名古屋、横浜、仙台、広島、京都、神戸、東京）の教育会から派遣された三七名の代議員たちがすでに着席して、この日から三日間にわたって開催される「第一回　大都市連合教育会」（主催・東京市教育会）の開会を待っていた。

都市の教育問題について、その解決のための具体的方策を全国的な規模で討議する初めての会議である。プログラムには、午後からの議案調査委員会に提出される予定の十五項目の討議題が印刷されている。そのうちの四題までが〈体育〉に関するものであった。

六番議席の山口《やまぐち》正《ただし》（一八八七〜一九四一、当時・大阪市視学）は、大きく深呼吸をひとつすると、あらためてプログラムに目を落とした。そこには、大阪市教育会を代表して山口が提案することになっている討議題が次のように記されていた。

七．都市小学校ニ看護婦ヲ置キ、学校医ト相俟《あいま》ツテ保健ニ関スル職務ヲ執《と》ラシムルノ可否

（大阪市教育会提出）

広島高等師範学校、京都帝国大学を卒業し、わずか一年前に視学となったばかりの山口は弱冠二

九歳ではあったが、その心中、この会議に期するところは小さくなかった。いやむしろ、これまであたためてきた「学校看護婦」構想の実現にむけて確かな手ごたえを得たいという〝野望〟をもって、東京に乗り込んだといっても過言ではない。

議案調査委員会、そして明日にひかえる本会議でどのように提案理由を説明し、また予想される反対意見に対して、いかなる論陣を張っていくべきか。山口は、プログラムを机の上に置くと、カバンのなかから、まだ発行されて間もない雑誌『小学校』（第二三巻、三号、一九一六・一二・一、教育学術研究会）を取り出した。付箋の貼られた頁には「文学士　山口　正」とあり、「学校看護婦」というタイトルが付されている。欧米の学校看護婦制度の紹介と、近い将来にはわが国でも導入することになるであろうことを想定して、その方法について突っ込んだ検討を試みた論文であった。

山口は、活字を目で確かめるように追いながら、〝戦略〟に思いを巡らすのだった。

●山口　正の論文「学校看護婦」

山口論文は、二つの部分から成っている。前段では、欧米における学校看護婦の発達史および現状、さらには、学校看護婦の効用・職務についての説明をし、後段部分では、学校看護婦制度をわが国へ導入する際の具体的方法（形態・職務内容）についての検討をしている。山口は、欧米の学校看護婦制度の発達史を次のように評価している。

「看護婦は学校にては児童を診療し、家庭を訪問して父兄に細心の注意を与ふるに至って、単に学校に於《お》ける学校衛生が、更に進歩して学校児童の教育的養護となったのである。」

（六四頁、傍点引用者）

山口が、欧米の学校看護婦制度の現段階を、「学校児童の教育的養護」ととらえて、学校看護婦制度は、「独《ひと》り都市にのみ特設すべきものでなくして地方の学校にも設けねばならぬ」（六五〜六六頁）としていることに注目したい。理由を次のように述べている。

「蓋《けだ》し学校児童の養護は勿論《もちろん》一般に都会人に比《ひ》して遥《はるか》に衛生思想に乏しく《（ママ）》地方人心を開発指導すると共に、医師の極《きわ》めて少なき僻遠《へきえん》の地に在《あ》りては容易に疾病上の質疑を明に《（ママ）》することが出来るからである。」（六五頁）

このときすでに、山口の関心は「如何《いか》に採用すべきか」という点にまで達していた。

「此《こ》の学校看護婦制度なるものが、現下の教育界に於《おい》て体育衛生方面の頻《しき》りに力説せらるる点より考えても採用否《いな》少なくとも参考とすべき価値のあるものなることは毫《ごう》も疑いのない所である。」（六五頁）

山口は学校看護婦の採用方法を次の三つの場合に分けて考察している。

①ニューヨーク市と同様、「市の直営」にする方法

②「学校組合の事業」にする方法

③「一学校の施設として職員組織中に挿入」する方法

まず①の方法について。「十分なる連絡と統一」（六五頁）という点では長所もあるが、「一看護婦が数校を兼務するときは勤務の時間頗《すこぶ》る少く該制度の真目的を実現せることが出来ない。而《しか》して今日学校医に就《つ》いて苦しむ時弊《じへい》と相変わらない結果を生ずる」（六五頁）とし、ましてや「地方に於《お》いては学校相互の距離都市に比《ひ》して甚大にして、一看護婦が一日に二三校を訪問することが到底不可能である」（六六頁）として、この方法を退けている。

次に、②の方法についても、「是《こ》れ主管者が都市或《あるい》は郡より学校組合に移ったのみで、其《そ》の欠点短所は、前述した所と同じ。」（六六頁）として、①の方法同様に不適当としている。ここに③の方法（「一学校に於いて一看護婦を採用するの方法」六六頁）が浮上してくるのである。

「余《よ》はこの方法に依《よ》る時は多少学校経済を加重するの恐《おそれ》あるかも知れないが、諸種の方面に於《おい》て多大の便宜があると思ふのである。」（六六頁、傍点引用者）

「諸種の方面」に於《お》ける「多大の便宜」として、山口が考えていた中身は次の点である。

a）「養護の方面」（児童の健康状態の観察・救急手当）
b）「学校の清潔等衛生方面の校務」の処理
c）「家庭を訪問し社会の衛生思想」を「誘導」
d）「補助教員」の代用

ただし、a)～d)の軽重は必ずしも同じではない。山口は、a）「養護の方面」およびb）「学校清潔等衛生方面」の便宜について触れた後、次のように述べている。

「以上にて学校看護婦の本務を全《まっとう》ふする理《ことわり》であるが更に家庭を訪問し社会の衛生思想を誘導し、……。」（六六頁、傍点引用者）

すなわち山口は、c)については、「学校看護婦の本務」外の便宜としてとらえていたのである。学校看護婦が果たす「学校児童の教育的養護」の役割、すなわち、学校に看護婦を常置し、児童全体を対象とした健康養護にあたらせることの意義を強調しようとしたものと思われる。

さらに、d)についていえば、むろん学校衛生に直接的にかかわらないものである。にもかかわらず、山口が敢《あ》えてこの側面を挙げたのは、おそらく「学校経済を加重するの恐」（六六頁）ありとして学校看護婦制度導入を躊躇する議論が出るのを予測し、「学校経済の見地」（六六頁）からの便宜を強調したのであろう。

すなわち、山口は欧米の学校看護婦制度に学びながらも、わが国の学校衛生の実情を十分考慮し、導入に際しての困難点や独自の発展方向を見通して、次のような構想に到達したのであった。

　都市・地方を問わず、一校に一名の専任学校看護婦を設置する。

雑誌をカバンにもどすと、山口は胸の高なりを鎮めるように、もう一度大きく深呼吸をし静かに目を閉じた。市会議事堂の壁掛け時計の針は、すでに午後〇時五八分をさしている。開会時刻まであと二分。

山口の「学校看護婦」構想は、第七号議案（以下「大阪提案」と略す）として、いよいよ討議の俎《そ》上《じょう》にのせられようとしていた。

●「大阪提案」

山口は「体育」に関する討議題を審議する第二類議案調査委員会（委員長・川島《かわしま》元《もと》次郎《じろう》）に所属している。「大阪提案」は、この委員会で審議されることになっていた。

委員会で、この「大阪提案」は「可決」され、翌日の本会議に上程された。報告にたった川島委員長（二五番・京都市主事・京都市教育会）は、「大阪提案」について、委員会内での審議内容を織り込みながら次のように述べている。

「……委員会デモ其《その》実行方法ニ就《つい》テ種々説ガアリマシタ、例ヘバ看護婦ヲ学校ノ職員トシテ置クベキモノデアルカ、又ハ保護者会ニ属セシメテ学校ニ置クベキカ、其《その》職務ニ就《つい》テモ何《ど》レダケノ範囲ニ及ブカ、愈々之《いよいよこれ》ヲ実行スルハ調査研究スベキモノデアルト云フコトヲ付帯条件トシテ、要スルニ都市ノ小学校ニ看護婦ヲ置クト云フコトニ向《むか》ツテハ之《これ》ヲ可《か》トスト決議シタノデアリマス。」（「大都市連合教育会記録」、『都市教育』第一四七号、一九一六・一二、東京市教育会、一五〜一六頁、以下、断りのあるまで引用はすべてこれによる）

委員会での審議のなかで学校看護婦の実施方法についてかなり具体的な討議がなされていたことがわかる。「学校ノ職員トシテ置ク」かそれとも「保護者会ニ属セシメテ学校ニ置ク」かという問題がそこで焦点のひとつとなっていたのである。

若干の質疑応答があったあと、川島の指名を受けて「理由及び事情等」（二〇頁）の説明に立ったのが、山口　正であった。山口は次のように述べている。

「最前カラ都市ニ体育ノ必要ナルコトニ就《つい》テ種々御説ガアリシタ（ママ）ガ、何《いず》レモ積極的方面カラ論ジラレテ居《お》リマス、我々教育者ハ又之《またこれ》ヲ消極的方面カラモ研究シテ見ナケレバナラナイト思ヒマス、現ニ疾病ニ在《あ》リ或《あるい》ハ潜在的ノモノ等ニ就《つい》テ防御方法ヲ講ズルト云《い》フコトニ就《つい》テ、校医ダケデハ我々ノ満足ニ遠カルノ憾《かん》ガアル、故《ゆえ》ニ之《これ》ヲ助ケル為《た》メニ看護婦ヲ置キ度《た》イ、而《しか》シテ外国ニ於《お》ケル実際ニ依《よ》ルト看護婦ハ学校医ノ手助ケヲスル以外ニ校務ヲ手伝ハセルト聞イテ居《お》リマス、要スルニ之《これ》ハ学校衛生ノ機関タルベキ、専任校医ヲ置ク処《ところ》ノ一ツノ段階トシテ置キ度《た》イノデアリマス、現在ノ校医ニ満足出来ナイ、学校衛生ヲ完全ナラシムル為メニ之《これ》ヲ置クト云《い》フコトニ致《いた》シ度《た》イノデアリマス」(二〇頁)

山口が、「消極的方面」(学校衛生)からの体育の重要性を教育者たちに問題提起するなかで学校看護婦の設置を提案していることにまず注目したい。単なる傷病治療対策の要員としてではなく、「潜在的ノモノ等ニ就《つい》テ防御方法ヲ講ズル」ことも含んだ学校衛生全般にわたる不可欠な担い手として、山口は学校看護婦の必要を説いたのである。従来の《トラホーム洗眼を主任務とする学校看護婦》とは明らかに異なる学校看護婦像がここに提出されたのであった。

だが、この提案はすんなりと通ることはなかった。本会議では、山口論文が予想していた通り、学校看護婦採用にともなう経済的負担の大きさを主要な論拠とした猛烈な反発が待ちかまえていたのである。

第一章

「一校一名専任駐在制」学校看護婦

「都市教育」第147号表紙
（国立国会図書館蔵）

●反対意見

翌日の本会議では、山口が提案者をつとめた「大阪提案」（都市小学校ニ看護婦ヲ置キ、学校医ト相俟《あいま》ツテ保健ニ関スル職務ヲ執《と》ラシムル可否）に対して、予想通りさまざまな角度からの反対意見が寄せられることとなった。

先陣をきって「山口説明」に異議を唱えたのは松下専吉《まつしたせんきち》（八五番・東京市立本郷尋常小学校長・東京市教育会）であった。松下は自らの経験を踏まえて次のような反対意見を述べている。

「……最モ児童ニ直接ノ関係アル教師ヲシテ相当ノ成績ヲ挙《あ》グルコトヲ得《う》ルノデアリマスカラ、衛生室又ハ衛生材料ノ不充分ナル学校ニ於《おい》テ看護婦ヲ置クト云《い》フコトハ如何《いかが》デアラウト思ヒマス、若《も》シ之《これ》ヲ置クトシタナラバ実《じつ》ニ閑散《かんさん》ナモノデアル、ソレヨリカ教師ヲシテ一段ノ努力ヲ尽《つく》サシメタ方ガ経済ノ点ニ於テモ宜《よろ》シイト思ヒマス」（二〇頁）

松下は、学校看護婦を置くよりも、むしろ教師たちに学校衛生の仕事をさせるよう一層努力させた方が「経済ノ点」からも得策であると考えていたのである。

続いて、大内俊亮《おおうちとしあき》（二〇番・仙台市視学・仙台市教育会常議員）も松下に同意を表して、「別段看護婦ヲ置クト云《い》フ必要ヲ認メマセヌ」（二〇頁）と発言した。松下、大内の反対表明に対して山口は、

「……看護婦ハ閑散《かんさん》ナモノデアリマセン、若《も》シ専問《(ママ)》執務以外ニ暇ガアレバ校務ヲ行ラセバ宜《よろ》シイ、例ヘバ学校ノ統計又ハ往復文書ノ整理等ハ最モ適《ふさ》ハシイ仕事デアリマス、大阪市デハ之《これ》ニ就《つい》テ実例ガアリマス、仮《か》リニ教師ヲシテ其《その》任ニ当《あた》ラシムトスルモ潜在的ノ病気或《あるい》ハ虎眼《トラホーム》ノ治療等其《その》人ヲ得《え》ザレバ実際ニ危険ガ伴フコトヲ思ハネバナリマセン」（二二頁）

と、答えている。学校衛生の仕事以外にも学校看護婦のやるべき仕事はある、というのである。さらには教師に任せておくのはむしろ「危険が伴フ」とまで述べている。「教師ヲシテ一段ノ努力ヲ」という松下の意見に対し、山口は、意識的に学校看護婦の専門性を強調する立場からの反論にでている。学校衛生における教師と学校看護婦の分業・協業の問題が、ここで一つの論点となっていた。

「山口答弁」の直後に、もうひとり反対者が現れている。日下部三之介《くさかべさんのすけ》（三四番・東京民論社長・東京市教育会）である。日下部は「出来得《できう》ベクハ学校医モ廃止シテ貰《もら》ヒ度《た》イ」（二二頁）として次のように発言している。

「……苟《いやしく》モ教師ト云《い》フ以上医者ノ方ノコトモ心得テ居《お》ラネバナラナイ、費用ノ点カラ見テモ看護婦ヲ置ク等トハ容易ニ許サナイコトデアリマス、学校ノ教師ニ自分ノ子供トシテ児童ヲ御取リ扱ヒガ願ヘレバ、衛生、体育ノコトニ就《つい》テモ教育上ノ見地カラ、完全ナコトカ《(ママ)》出来ヨウト思ヒマス。」（二二頁）

松下、大内、日下部にみられる〝反対〞意見を要約すると、①「学校看護婦」設置に伴って経済的負担が増大する。②たとえ設置したとしても、それに見合う〝利点〞が少ない。③しかも、教師たるもの医学的素養をもっていて当然であり、教師で十分に対応できる。④したがって、教師に学校衛生の仕事をさせたほうが〝得策〞である、ということになるだろう。

つまり、反対論者の主要な論拠は、「経済的負担増大への危惧」（松下専吉、日下部三之介）と「学校看護婦の〝効益〞への不安」（大内俊亮）にあった。

●反論

一方、松下らの意見に対して反論を展開したのは、山内鶴吉《やまうちつるきち》（十六番・横浜市立尋常高等元街小学校長・横浜市教育会）と岩本雪太《いわもとゆきた》（大阪市御津尋常小学校長・大阪市教育会）のふたりであった。

山内は、「本案ノ提出理由ヲ今承《うけたまわ》リマシテ、益々其《その》必要ヲ感ジマシタ」（二一頁）として、およそ次のように述べている。

①都市の学校では、「衛生的ノ事務」まで教師に分掌《ぶんしょう》させることは、「本務ヲ欠カナケレバ到底出来ナイ仕事」である。②「故《ゆえ》ニ人員ノ都合上経済ガ許スナラバ看護婦ヲ置イテ、眼疾患者等ノ如《ごと》ク多クノ児童ニソレソレ手当ヲスル必要ガアラウ」と思う。③「衛生上ノ仕事ガ日々沢《たく》山《さん》無イ場合ハ校務ヲ補助サセルヤウニスレバ、学校ニ於《おい》テハ看護婦位ノ人ガ執《と》ルベキ仕事ハ

多々有リマスカラ決シテ閑散《かんさん》ト云《い》フコトハアリマセン」（以上の引用並びに要約は二一頁による）

一方、岩本は、松下らの反対理由を「直《ただち》ニ本案ノ必要ヲ感ズル理由デアルマイカト思ヒマス」（二一頁）として、その理由をおよそ次のように述べている。

①「積極的ノ体育」に比べて「消極的ノ保護、養護等ノ方法」については何ら注意が向けられていないのが現状である。②たとえば、学校医というものもあるが、「之《これ》ハ殆《ほと》ンド有名無実」である。③また、児童の負傷疾病に関する事故が多発した時に、「職員ガ看護婦ノ職務ヲ執《と》ラネバナラヌモノト致《いた》シマシタナラバ、ソレハ実ニ容易ナラザル負担」である。⑤さらに、たとえ学校医がいるとはいっても「専属デナイ校医」では、「日々ノ繁《はん》多《た》ナル事故」には、とてもきる。⑦ともかく、「教育者」も「消極的方面」に一層注意を払う必要があるし、「社会ノ人々」にも「消極的方面」重視の考え方を喚起したい。⑧その意味から、本会議でこの議案を可決することは、「将来一般ノ人々ニカカル注意ヲ喚起スル」うえで有効であると考える（以上の引用並びに要約は二一～二二頁による）。

山内の意見は、基本的には山口の見解と同じである。ところが、岩本は山内とは異なる角度から学校看護婦の設置を可としているのである。

岩本の見解は、学校衛生は教師にとっても軽視できない仕事の一つであるが、嘱託制学校医という現状のなかでは教師だけでは十分な仕事はできない、そこに学校看護婦が加われば学校衛生を充実させることができる、ということであった。

これに対し山内の意見のなかには、「衛生的ノ事務」を教師の「自《みずか》ラ執《と》ル処《ところ》ノ職務」としない立場から、いわば教師にとっての〝雑務〟を看護婦に担わせようとする意図が見受けられるのである。山口にあっても、嘱託制学校医の不備を補うという発想はあったが、学校衛生における教師の役割にまでは、まだ目が届いていなかった。そうした意味で岩本が提出した論点は、学校看護婦設置をめぐる議論への重大な問題提起であったといえる。

山内、岩本の賛成討論を最後に討論は打ち切られた。そして、採決の結果、過半数を得て「第七号議案　都市小学校ニ看護婦ヲ置キ、学校医ト相俟《あいま》ツテ保健ニ関スル職務ヲ執《と》ラシムルノ可否」はここに可決されたのである。「記録」（九頁）には次のように記載されている。

七、都市小学校ニ看護婦ヲ置キ学校医ト相俟《あいま》ツテ保健ニ関スル職務ヲ執《と》ラシムルノ可否（決）
本案ハ小学校教員ニシテ本務ヲ欠キテ児童看護ノ事務ヲ行フハ不可能ナレバ主催教育会ニ調査研究ヲ要求シ次回ニ於《おい》テ発表セラレンコトヲ希望スルノ条件ヲ付シテ調査案ヲ（可決）ス。

実施方策については、〃宿題〃として主催教育会である東京市教育会に調査研究が依頼され、次期開催される第二回大都市連合教育会で報告されることになったのである。

●「東京報告」

〃宿題〃となっていた「『大阪提案』についての調査報告書」が東京市教育会から提出されたのは、翌年（一九一七年）一〇月一九日から二一日までの三日間、大阪市役所市会議事堂で開催された第二回大都市連合教育会（主催・大阪市教育会）においてであった。

東京市教育会から提出された報告書（以下「東京報告」と略す）は、五つの項目（①趣旨　②名称　③採用　④定員　⑤服務）から構成されている。

「東京報告」はまず、児童看護婦設置のねらいを簡潔に述べている。少し長い引用になるが、「第一　趣旨」の全文を紹介しておこう。

「児童教育上其《そ》の体育に関し大《おお》いに力を用ひざるべからざるは現時都市の状勢上最も急を要するものありしかも従来多くは其《その》積極的方面に於《おい》て注意せらるるに止《とど》まり動《やや》もすれば其《そ》の消極的方面に於《おい》て閑却《かんきゃく》せられんとする傾向あり是《これ》を現時小学校に於《お》ける実際に観《み》るも僅《わずか》に学校医を置き教職員中より学校衛生掛《かかり》を設けて其《そ》の局に当たらしめつゝありと雖《いえど》も学校医は専任なること能《あた》はず学校衛生掛も亦《また》本務たる教職の為《た》めに其《その》暇を得ること難《かた》く従つて傷病児童に対する

手当看護等に於《おい》て遺憾《いかん》少からずされば常時に於《おい》て健康診断をなし其《そ》の潜在的疾病を未発に防御するの手段等に到《いた》りては蓋《けだ》し到底不可能の事に属す　是《こ》れ特に小学校に児童看護婦を置きて学校医指導の下に保健衛生の事に当たらしめんとする所以《ゆえん》なり」（「第二回大都市連合教育会報告」、『都市教育』、一五八号、一九一七・一一、東京市教育会、九頁）

「東京報告」が、学校衛生に大きな期待を寄せているのがわかる。

その担い手として構想されたのが「一学校一名を定員とす」（九頁）る「児童看護婦」（「小学校に採用する看護婦は是《これ》を児童看護婦と称す」）であり、採用にあたっては、「児童看護婦は看護婦の免許状を有するものにして特に品性の善良なるものを選び市区長これを嘱託す」（九頁）としている。

また、児童看護婦に課せられた服務事項（全一一項目）の特徴としては、①児童看護婦が担当する服務範囲が、傷病児対策だけでなく、児童全体を対象とした学校衛生業務にまで拡大されていること。②「高学年女児の看護法実習指導に関する事項」が明記されたこと（このことは児童看護婦の職務範囲が管理的側面だけに限定されたのでなく、指導的側面にも拡大されたことを示している）。③「家庭訪問に関する事項」が明記されたこと（父母に対する衛生指導の実施を児童看護婦に期待したものと考えられる）の三点を挙げることができる。

ここに示されているように、学校における児童の健康保護機能の充実への期待はそのまま、児童看護婦の服務範囲の拡大として現れたのである。もはや従来のような「数校兼務」の非常勤職員という形態では、こうした期待に応えられないのは明らかであった。拡大された職務範囲と職務内容の質的変化に対応しうる実施形態が求められていたのである。

●「一校一名専任駐在制」学校看護婦

「一校一名」の学校看護婦を「学校長の指揮下」に常勤職員という形で置く――これが東京市教育会が選んだ実施形態であった。こうした特徴を振り返るとき、東京市教育会から提出された〝構想〟の基本理念が、さきに紹介した山口　正の論文「学校看護婦」にあることに気づかされる。

だが「東京報告」は、山口論文をはじめ、第一回大都市連合教育会での「山口説明」および議論を、ただ単に整理しただけではない。学校看護婦の具体的な服務事項を明記することによって、学校衛生活動における学校看護婦の位置と役割を明確にしたのである。すなわち、山口　正の論文「学校看護婦」によって理論的基礎が与えられ、第一回大都市連合教育会で初めて議論が交わされた、わが国への「学校看護婦」制度導入の方策は、東京市教育会によって一層練り上げられ、ここに「一校一名専任駐在制」学校看護婦の雛形が完成したのである。

わが国最初の「一校一名専任駐在制」学校看護婦が出現するのは、それから五年を経た一九二二（大正一一）年四月のことであった。大阪市北区済美学区内の小学校のすべてに一名ずつ配置された「学校衛生婦」がそれである。

済美第一尋常高等小学校（一九八九年三月まで「梅田東小学校」として存続）の『沿革誌』によれ

ば、このとき採用されたのは「蜂須賀たま」という女性で、職員欄に記載された記録では、それ以後、一九三二（昭和七）年三月まで在職したことがわかる。「学校衛生婦」の採用は、一時的・便宜的なものではなかったことがうかがえる。

学校衛生はもはや嘱託学校医や教師だけでは担いきれず、その新しい担い手を必要としていたのである。「一校一名専任駐在制」学校看護婦の出現は、学校における健康保護の機能の拡大・充実が教育関係者の間で重大な関心事となるなかで起こった象徴的な出来事であった。

●おわりに

山口正の「学校看護婦」構想は、こうして結実した。しかも、その歴史的な一歩は大阪において標《しる》されたのである。

済美学区に「一校一名専任駐在制」学校看護婦が出現したその三年後（一九二五年）、山口は大阪市の社会部長に抜擢され、その後、一九三五（昭和一〇）年四月に退任するまでの約一〇年間、関一大阪市長のもとで行政手腕を振るった。それは大阪市において「学校衛生婦」が各小学校に配置され、その数も急速に拡大していった時期とちょうど重なっている。

「学校衛生婦」たちの活躍ぶりを、山口はどんな思いでみていたのだろうか。

一九四三（昭和一八）年、一二月一五日、「養護訓導」の職制化（一九四一年）を見届けるかのように、山口はこの世を去る。享年五五歳であった。

コラム

「研究方法論ノート」①

「大阪提案」への関心

私が、「第一回大都市連合教育会」において大阪市教育会が学校看護婦の設置を提案していたことを知ったのは、雑誌『学校衛生』（五巻一号、一九一七・一、四〇頁）の「雑報」欄および、春野重二（文部省学校衛生課嘱託）の「学校看護婦に就きて」（『学校衛生』五巻三号、一九一七・三）という論稿を通してであった。

しかしそこには、誰がどんな理由から提案したものか、またその会議でどんな議論がなされたかについては何ひとつ書かれてはいない。杉浦守邦《すぎうらもりくに》氏も、この「大阪提案」に多大な関心をよせた研究者の一人であるが、「わが国養護教員の歴史の上で、実に重要なもので、筆者も鋭意探索してみたが、今日までまだ十分な成果を得ていない」（「養護訓導前史（七）」一九七二・一、『健康教室』二六頁）と述べている。

学校看護婦を成立せしめた教育関係者の側からのインパクトがどのようなものであったかを明らかにするために、なんとしてもこの会議の詳細を知りたい、と思ったのは言うまでもない。さしあたって大阪市教育関係の史料を探すために、私が大阪市立図書館と大阪市教育研究所を訪れることにしたのは一九八〇年八月のことであった。

しかし、この第一回目の大阪調査では、「大阪提案」にかかわる史料を何ひとつ発見することができなかった。この課題はしばらくかたわらに置かざるをえなかったのである。

そこで別の角度からの追究、すなわち、一九一〇年代に入ってからの学校衛生の発展を、日本資本主義の急激な発展にともなう労働力の質的向上の追求、そのなかであらためて青少年の体力・健康問題がクローズアップされてくるといった状況との関連で吟味し、そこに学校看護婦の成立というものを据えてみようと考えたのである。

学校衛生関係の専門誌だけでなく、『博愛』（日本赤十字社）、『現代教育』（東京教育研究会）、『小学校』（教育学術研究会）などの雑誌にもあたることにした。そのなかで出会ったのが、「文学士　山口　正」の論文「学校看護婦」であった。

「山口　正」の正体は?

山口論文の発表された雑誌の発行年月日（一九一六年一一月一日）に注目してほしい。第一回の大都市連合教育会が開催されたのは、一九一六年一一月一八日から二〇日までの三日間であるから、会議が開かれる直前に山口論文は発表されていたわけである。

そこから、私はひとつの推理を組み立ててみた。それは〈「大阪提案」は山口論文と重大な関連をもっているのではないか〉ということであり、ひょっとすると〈提案に山口が一枚かんでいるのではないか〉という推理である。

むろん確証があったわけではない。なぜなら、その時点では「山口　正」なる人物が何者であるかさえわかっていなかったからである。私は、「山口　正」の正体を探ることからはじめなければならなかった。

とはいえ、手がかりはわずかに「文学士」であることと、山口論文の内容から推測できる若干の事柄のみである。だが、その「若干の事柄」が山口の正体を知るうえでの〝パスポート〟の役目を果たしてくれたのである。

山口論文では、欧米の学校看護婦制度の現段階を次のように評価していたのである。「是《こ》れ大なる進歩であって、遠大なる社会事業の一つとなったのである」(六四頁)という件《くだ》りの「社会事業」という部分である。〈ひょっとしたら、社会事業関係の研究者ではないか〉というまったくの推測をたよりに、たまたま書店で目にとまった『社会福祉事典』(一番ヶ瀬康子ほか編、誠信書房、一九七四年、三六〇～三六一頁)をひいてみた。

山口　正(一八八七～一九四二)　大阪府で生まれ、……(中略)……一九一五年大阪市の視学となる。一九二五年社会部長となり、一九三五年退職……(中略)……行政の分野で大正から昭和初期にかけ大阪市社会事業を担当……(後略)。

なんと山口は、論文発表当時、大阪市視学という要職にあったのである。

私は、あらためて「第一回大都市連合教育会」の様子を報じた記事を読み返してみることにした。そして、雑誌『現代教育』の「雑報」欄に報じられたそのすぐ前の記事（九六頁）に、「大阪提案」と山口をつなぐ重大な事実を発見したのである。

「大阪提案」と山口をつなぐ〝赤い糸〟

雑誌『現代教育』（第四〇号、一九一六・一二）は、その「雑報」欄で、第一回大都市連合教育会の初日（一九一六年一一月一八日）の午前中、同じ会場（東京市会議事堂）で第九回六大都市視学会が開催されていたことを報じていたのである。

この会議に大阪市視学（当時）であった山口が出席していたであろうことは当然予想される。しかも記事によれば、大阪市からは「都市に於ける体育奨励の最も適切な方法如何」と「各市に於ける教育的施設及将来に於ける計画如何」という二つの協議題がそこに提出されていたのである。

こうした経緯は「山口　正」本人が六大都市視学会終了後、ひき続いて午後からの大都市連合教育会にも出席していた可能性を示唆している。もし出席していたことが確認できれば、「大阪提案」と山口論文は一本の赤い糸で結ばれることになる。

出席者のリストさえ見つけだせれば……。もう一息である。

キーワードは「都市問題」

雑誌『現代教育』には、残念ながらそれ以上の内容は報じられていなかった。行き詰まりかけた私は、こんな推理をしてみた。〈大都市の教育会というぐらいだから、〝都市問題〟を扱った雑誌を調べてみれば、ひょっとしたら報道記事が見つかるのではないか〉と。

この推理には、まったく根拠がなかったわけではない。私はその時点で既に〝山口に関する人物調査〟を終えており、国会図書館に所蔵されていた三冊の著書『都市生活の研究』(一九二四年)、『社会事業研究』(一九三四年)、『日本社会事業の研究』(一九三八年)のなかでも、特に『都市生活の研究』において、都市における児童の体育問題について山口が多大な関心をはらっていたことに興味をひかれていた。そのようなこともあって「〝都市問題〟を扱った雑誌」の探索を思いついたのである。

大都市連合教育会の「会議録」があった!

この着想を得た夜は興奮してなかなか寝つけなかった。まさに「翌日の〝雑誌探索〟に命運をたくす」といった心境であった。

翌朝は、いつになく早く目が覚めた。国会図書館の開館までの時間がなんと長く感じられたことか。扉が開くと同時に『雑誌総合目録』をめがけて走った。祈るような気持ちで「タ行」をひき、「都市」という文字が冠されている雑誌を探し始めた。

………あった。『都市教育』という雑誌名が目に飛び込んできた。国会図書館に所蔵されているのは八二号（一九一一・九）から一九五号（一九二〇・一二）。時期としてもピッタリである。

驚いたことに雑誌『都市教育』は東京市教育会の機関誌であった。東京市教育会といえば、第一回大都市連合教育会の主催者である。〈なんらかの形で会議の様子が載っているに違いない〉

早速、閲覧を申し込んで、名前を呼ばれるまでの時間を待った。そして、ようやく手にした『都市教育』第一四七号（一九一六・一二）は、なんと「第一回大都市連合教育会」の特集号であった。

出席代議員名簿に「山口　正」の名前が……

胸の高鳴りを鎮《しず》めながら頁をめくると、出席代議員の名簿に「六番　山口　正　同（大阪市教育会……引用者）」と記載されているのを発見した。

〝推理〟が〝事実〟に変わったのである。しかも、彼はこの会議に出席していただけではなかった。「大阪提案」の提案者として本会議で提案理由を述べた人物こそ、この「山口　正」だったのである。すべてがつながった。

『都市教育』第一四七号は、「大阪提案」をめぐる議論の一部始終はもちろん、会議の全記録を掲載している。そして、同誌は毎年開かれる会議（年一回）をその都度〝特集〟のかたちで紹介している。第二回の模様（〝宿題〟になっていた「学校看護婦の資格・職務等に関する調査研究報告」）についても詳細にその内容を伝えてくれていた。

〈学校看護婦導入をめぐるわが国最初の教育関係者による議論〉と思われる大都市連合教育会の記

録はこうして発掘されたのである。一九八〇年一一月、大学院三年目を迎えた秋のことであった。

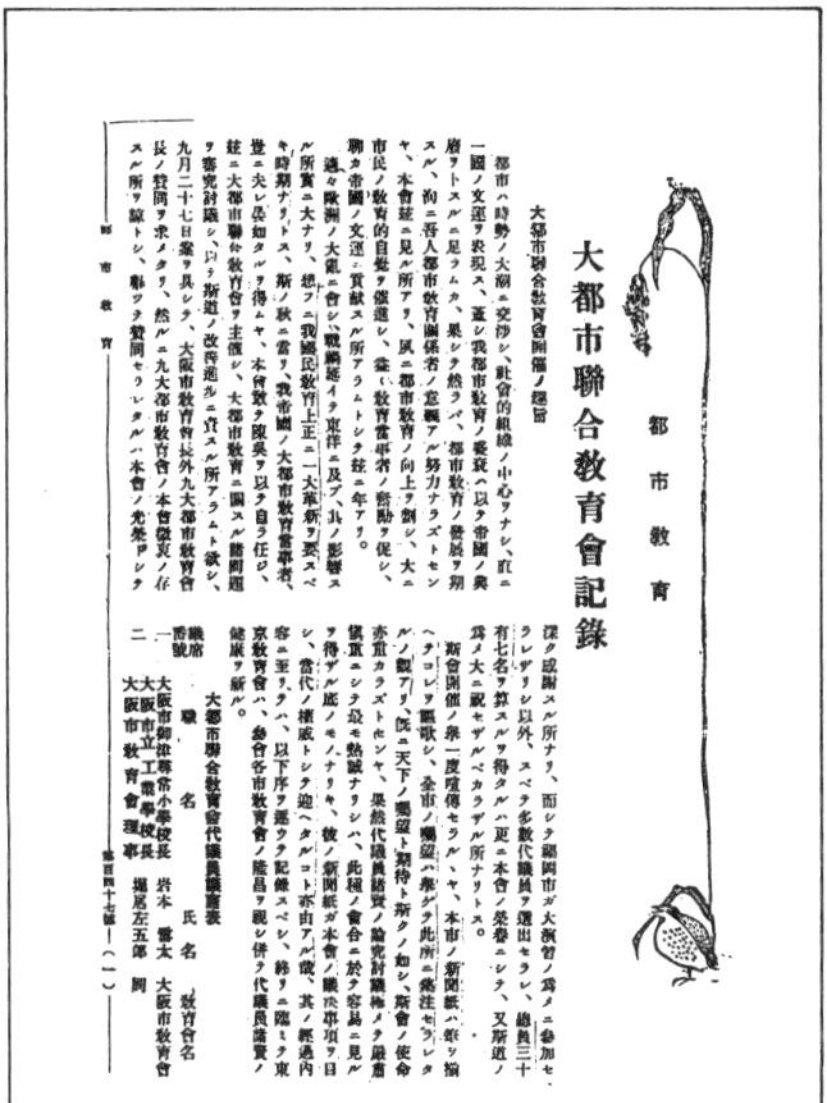

都市教育

大都市聯合教育會記錄

大都市聯合教育會開催ノ趣旨

都市ハ時勢ノ大潮ニ交渉シ、社會的組織ノ中心ヲナシ、直ニ一國ノ文運ヲ表現ス、蓋シ我都市教育ノ盛衰ハ以テ帝國ノ興廢ヲトスルニ足ラムカ、果シテ然ラバ、都市教育ノ發展ヲ期スル、洵ニ吾人都市教育關係者ノ意圖アル努力ナラズトセンヤ、本會茲ニ見ル所アリ、夙ニ都市教育ノ向上ヲ圖シ、大ニ市民ノ教育的自覺ヲ促進シ、益々教育當事者ノ奮勵ヲ促シ、聊カ帝國ノ文運ニ貢獻スル所アラムトシテ茲ニ年アリ。

適々歐洲ノ大亂ニ會シ、戰禍延イテ東洋ニ及ブ、其ノ影響スル所實ニ大ナリ、想フニ我國民教育上正ニ一大革新ヲ要スベキ時期ナリトス、斯ノ秋ニ當リ、我帝國ノ大都市教育當事者、豈ニ夫レ晏如タルヲ得ムヤ、本會敢テ陋昊ヲ以テ自ラ任ジ、茲ニ大都市聯合教育會ヲ主催シ、大都市教育ニ關スル諸問題ヲ審究討議シ、以テ斯道ノ改善進步ニ資スル所アラムト欲シ、九月二十七日案ヲ具シテ、大阪市教育會長外九大都市教育會長ノ贊同ヲ求メタリ、然ルニ九大都市教育會ハ本會發案ノ存スル所ヲ諒トシ、斯ツテ贊同セラレタルハ本會ノ光榮トシテ深ク感謝スル所ナリ、而シテ福岡市ガ大演習ノ爲メニ參加セラレザリシ以外、スベテ多數代議員ヲ選出セラレ、總員三十有七名ヲ算スルヲ得タルハ更ニ本會ノ榮譽ニシテ、又斯道ノ爲メ大ニ祝セザルベカラザル所ナリトス。

斯會開催ノ事一度喧傳セラルヽヤ、本市ノ新聞紙ハ筆ヲ揃ヘテコレヲ謳歌シ、全市ノ觀聽ハ悉ク此所ニ集注セラレタルノ觀アリ、既ニ天下ノ觀望ト期待トハ斯クノ如シ、斯會ノ使命亦重カラズトセンヤ、果然代議員諸賢ノ論究討議極メテ嚴粛慎重ニシテ且モ熱誠ナリシハ、此種ノ會合ニ於テ容易ニ見ルヲ得ザル底ノモノナリキ、彼ノ新聞紙ガ本會ノ議決事項ヲ目シ、當代ノ權威トシテ迎ヘタルコト亦由アル哉、其ノ經過内容ニ至リテハ、以下序ヲ逐ウテ記錄スベシ、終リニ臨ミテ東京教育會ハ、參合各市教育會ノ隆昌ヲ祝シ併テ代議員諸賢ノ健康ヲ祈ル。

大都市聯合教育會代議員議席表

議席番號	職名	氏名	教育會名
一	大阪市御津尋常小學校長 大阪市立工業學校長	岩本　簪太	大阪市教育會
二	大阪市教育會理事	堀尾左五郎	同

都市教育　第百四十七號 —（一）

『都市教育』第147号所収の大都市連合教育会記録。山口正の「大阪提案」をめぐる議論のすべてが載っている。

第二章

「常勤助手」構想と「学校内治療」看護婦

三島通良
(1866〜1925)

●はじめに

「嘱託制学校医という現状では十分な仕事はできない。そこに学校看護婦が加われば学校衛生を充実させることができる。そのためには、『数校兼務』の〝非常勤〟職員としてではなく、『一校一名』の割で『学校長の指揮下』に〝常勤〟職員として学校看護婦を配置する必要がある」――これが、「第一回大都市連合教育会」での大阪提案を受けて、東京市教育会が選んだ実施形態であった（第一章）。

「嘱託学校医」、すなわち今日でいう「学校医」の歴史は古く、その起源は一八九八（明治三一）年までさかのぼることができる（〝嘱託〟は〝専任〟と区別するための用語）。

当時、この「学校医」制度は、生成期学校衛生の理論的指導者であった三島通良《みしまみちよし》（一八六六～一九二五）の学校衛生構想の中核をなすものであり、またその三島を主事とする学校衛生顧問会議（以下、顧問会議と略す）の建議に基づいて、文部省が打ち出す学校衛生諸施策の〝要〟に位置するものであった。

ところがこの制度は、思うようには普及せず、発足後二年経過しても設置率は三〇％に満たないような状況にあった。

そんな間隙《かんげき》をぬうようにして、全国の学童の間にトラホームが蔓延しはじめる。環境衛生の整備と身体検査を中心とした生成期学校衛生は、突如として襲いかかったトラホームの前に、その存亡にかかわる重大な岐路に立たされることになるのである。

そして、空前のトラホーム大流行という事態は、やがて児童の洗眼治療を学校内で行なうための非常勤・巡回制の学校看護婦を誕生させる契機となっていく。

舞台を明治にさかのぼり、生成期学校衛生における〝要〟であった「学校医」制度をめぐる議論に着目しながら、「学校衛生の担い手としての〝常勤〟職員」である「一校一名専任駐在制」学校看護婦のルーツを探っていくことにしよう。

●「学校医」制度への危惧

一八九八（明治三一）年に実施された「学校医」制度は、その発足当初から、諸々の問題点を指摘されていた。

たとえば、坂部《さかべ》行三郎《ゆきさぶろう》は、『教育時論』第四六一号（一八九八・二・五）に「学校医に就いて」という論説を発表し、勅令「公立学校に学校医を置く」（一八九八・一・二）について以下の三点にわたって〝危惧〟を表明している。

①「特別の事情のあるときは、村立学校及人口五千未満の町立学校には、当分の内《うち》、学校医を置かざるを得《う》」（第一条）という「除外例」規定があるために、村落にある多数の小学校には、学校医が置かれない恐れがある。

②学校医の報酬が僅かであることから、たとえ置かれたとしても有名無実になりかねない。

③学校衛生に関する専門知識を有するものが殆どいない現状のなかで、学校医の確保は果して可能なのか。

こうした危惧は、坂部個人の発言というよりも、学校衛生の充実・発展を期待する教育関係者に共通した見解であった。坂部論文が掲載される半年ほど前、同じく『教育時論』の第四四四号（一八九七・八・一五）において同誌の記者が「学校医の設置」についておよそ次のように論じていたのである。

①政府が、「民力休養」を口実にして、学校環境衛生の改善を怠ってきたため、初等部は「目下衛生施設の急を要す」状態となっている。

②生徒家庭への注意、学校の施設の改善などについて、「教員其《その》責に当たるべきは勿論」であるが、「教員の独力」ではどうすることもできないものであるから、とくに初等部においては「衛生上の適否の判断者」として、「衛生上施設の保護者」として学校医は欠くことのできないものである。

③したがって、学校医の設置にあたっては、「寧《むし》ろ初等部より着手」し「漸《ぜん》次《じ》中等部に及ばん」ことを希望する。

だが、こうした期待は、見事に裏切られることになる。翌年一月の「勅令」発布直後、『教育時論』第四六〇号（一八九八・一・二五）は「除外例」規定を評して次のように言う。

「他日、同令は、独《ひと》り中等以上の学校に行はれて、人生発育の重要時期を担任する多数の小学校には、却《かえっ》て、行はれざるの奇観を呈せざるなきか（中略）一の除外例を設けず兎《と》に角《かく》、此《この》際《さい》一斉に実施し、而《しか》して後《のち》、漸次《ぜんじ》之《これ》が実施法の完備を図らんことを望むものなり。」（八頁）

そしてこの記事の一カ月後、先に紹介した坂部論文が同誌に掲載されたのであった。

●「学校医を補助する〝常勤の助手〟」構想

同論文のなかで、坂部は、「学校医」制度の問題点を指摘するにとどまらず、いくつかの提言を行なっている。そのひとつが、学校医を補助する「常勤の助手の採用」であった。

「市町村にして学校医を嘱託したる暁は、必ずや充分な手当を与へて、其重大なる責任を尽さしむると同時に助手を置くの必要を失却する勿れ」（『教育時論』第四六一号、一八九八・二・五、一六頁、傍点坂部）

坂部はこのように述べたあと、さらに続けて、助手を採用することの必要性を具体的に説いている。大要は以下のとおりである。

①「助手を置くべき」という規定は、勅令はもとより、近日中に出されることが伝えられている細則にも盛り込まれていないという。

②そもそもこの勅令は、顧問会議の審議を経たものであるにもかかわらず、「学校医に助手を附すべき」という重要なことがらを明記していないとは、「学校衛生主事、及顧問諸氏は、抑々《そもそも》何を以《もっ》て任務と為《な》す乎《や》」。

③学校衛生の事項には必ずしも学校医の手を煩わさなくともよいものがある。たとえば、生徒の身体検査や日常の健康観察などは、むしろ助手にやらせることにすれば、学校医は毎日登校して勤務しなくてよいだけでなく、かえって「綿密なる調査」が可能となり、学校衛生上においても多大の益を得ることができると信じている。

④この点について、ヨーロッパ諸国では、すでに一八八二年万国医学会で、「学校医は必ず助手を置かざるべからざる事」を議決し、今日では学校医のほかに助手を設けていない学校は西洋諸国にはないという。

⑤その理由は、「助手の有無が、校医の業務に至重《しちょう》の利害を及ぼす」からであり、もはや「校医を設けたる以上は、併《あわ》せて助手をも置かざるべからず」ということは当然のことである。

⑥助手の採用にあたっては、「学校教員中の適任者」を選んでこれにあてるのが「最も至当《しとう》の措置」であるが、女生徒は「一種の婦人病」にかかることがあるから「高等女学校は勿論、女子部の設ある師範学校及高等小学校には、別に女教員により助手を挙《あ》ぐる」必要がある。

（引用並びに要約は、一六頁による）

「学校医」制度の発足当初から、すでに「助手の有無が、校医の業務に至重《しちょう》の利害を及ぼす」という認識に立ち、「助手」の職務・採用方法に至るまで具体的に提言していた人物がいたということに注目したい。さらには、学校衛生をすすめるうえで不可欠な構成員である「助手」の資格を「学校教員の中の適任者」としている点も興味深い。

〝教育職〟であって、〝看護職〟としては想定されていないのである。

だが、坂部による「学校医を補助する〝常勤の助手〟」構想は、その後『教育時論』でも何ら話題になることはなかった。「学校医」の設置もままならないような状況のなかにあって、〝常勤の助手〟は〝歴史的早産〟とならざるを得なかったのである。

●トラホーム大流行と顧問会議の廃止

先に述べたように「学校医」制度は三島通良の学校衛生構想の中核的施策であった。つまり「学校医」制度への批判はそのまま、三島を主事とする顧問会議への〝異議申し立て〟を意味する。

折しも、学童の間に燎原《りょうげん》の火のごとく広がったトラホームの大流行をみるにいたり、批判の声は最高潮に達した。その趣旨は、〝トラホームは初期であれば全治可能である。にもかかわらず、大流行を招いた原因は、顧問会議が対策を示さないからである。顧問会議はただちに予防および治療法を研究して、全国の教育関係者に対して指示せよ〟というものであった。

だが、「衛生は、単に病に罹《かか》るのを防ぐことが目的ではなく、進んで人間の身体に潜勢力を養ふが目的であります」(「全国中学校長会議に於ける演説」、『国家医学会雑誌』第一四一号、一八九九・一二、一頁)と考える三島にとって、「トラホームの予防及び治療」は、本質的に学校衛生の任務として位置づけがたい性格のものだったのである。

こうした三島の学校衛生観からすれば、健体児のためにトラホーム感染の「予防」措置を講ずることはあっても、トラホーム罹患児童の「治療」は当然のこととして家庭の責任に帰されることになる。

事実、顧問会議の建議に基づいて文部省が講じた対策は、「学校伝染病予防及消毒方法」(一八九八・九省令)により、①トラホーム罹患児童を隔離(昇校停止)して健体児との接触を断つこと(第三条)②状況によっては、全校もしくは一部を閉鎖すること(第六条)③消毒を徹底すること(第一〇条)にすぎなかった。

三島は自らの考えを一貫して主張し、ゆずらなかったのである。

まもなく、顧問会議は廃止され(一九〇三年四月)、三島も更迭される。その後、文部省学校衛生課も行政整理の対象とされ、廃止の憂き目をみる(一九〇三年一二月)。大幅な縮小・後退を強いられた生成期学校衛生は、しばらく〝冬の時代〟を送ることになるのである。

●「学校内治療」への看護婦の進出

顧問会議が廃止された直後（一九〇三年）の五月、内務省から各県知事宛に「トラホーム予防の通牒《つうちょう》」が出されている。とはいえ、この通牒は、文字通り感染予防のための措置を呼びかけたものにすぎず、「医師として『トラホーム』患者を届出しむる事」など六項目からなるが、そこでは「学校内治療」はもとより〝治療〟について一切言及されていない。具体的な手だてについては、各県当局にまかされたのである。

機を見ていち早く「学校内治療」の英断を下したのは新潟県であった。『学校衛生』第二号（一九〇三・六）に掲載された「新潟県各生徒眼病救済手段及成績」という記事のなかに、同県調査委員会によって一九〇三（明治三六）年二月に決議されたという「救済法」（一三項目）が述べられている。注目すべき項目のみ紹介しておこう。

（一）各小学校に於て眼病治療の方法を設け日々無料にて治療すること
（二）前項の治療は医師又は医師の指導の下に看護婦等をして之《これ》を行はしむる
（三）（省略）
（四）総《すべ》ての費用は市町村が負担とすること
（五）～（一三）（省略）

すなわち新潟県では、①トラホーム罹患児童に対する治療を市町村の責任において実施すること

②その際、学校内に治療施設を設けて、日常的に治療活動を行なうこと③治療活動に医師だけでなく看護婦なども加わる、という画期的な方針を打ち出したのである（ただし、杉浦守邦氏の著書『改訂・養護教員の歴史』（一七頁）によれば、新潟県において明治年代に実際に看護婦が学校でトラホーム治療にあたったという記録は、これまでのところ見つかっていないという）。

その後、新潟県に続いて、香川県、岐阜県、大阪府でも「学校内治療」の方針がとられ、実際に治療活動に教職員が参加するところも現われている。

たとえば、香川県から内務省に報告されたもののなかに、次のような記載がみられる。

「……三、四の郡部落小学校に於《おい》ては、検診医者若《も》しくは校医監督の下《もと》に教職員をして軽症者又は疑似症者に対し点眼等を以《も》って施策するものあり」（『大日本私立衛生会雑誌』第三〇七号、一九〇八・八、四二一頁）

なかでも、岐阜県がとった治療方針に注目したい。一九〇五（明治三八）年一二月、県当局は市町村宛に次のような通牒を出しているのである。

「三　患者多数なる学校所在地の市町村にありては看護婦の養成又雇聘《こへい》し治療に補作《ほさ》せしむること」（『大日本私立衛生会雑誌』第三〇六号、一九〇八・一〇、五七〇頁）

ちなみに、岐阜県では「通牒」が出される以前から、校費によって看護婦を雇い入れ、放課後トラホーム罹患児童に対して点眼を行なわせることで、良好な成績をあげている学校があった。それが、羽島郡竹ヶ鼻尋常高等小学校および笠松尋常高等小学校である（はじめに）。

また、岐阜県からの報告は、竹ヶ鼻、笠松両小学校のほかにも、看護婦を雇い入れて治療にあたらせた小学校があることを伝えている。岐阜市高等小学校（現・岐阜市立京町小学校）がそれである。

「岐阜市高等小学校にては、……県立病院より看護婦を聘《へい》し、（月手当一〇円）点眼洗滌《せんじょう》に当たらしめ施療《せりょう》実費として父兄の相談を経て貧窮《ひんきゅう》者を除外し患児童より月一五銭を徴収せり」

（前掲誌、五七〇頁）

もとよりそれは、非常勤・巡回制の「学校内治療」看護婦にすぎず、学校衛生の不可欠な担い手として登場したものではなかったが、たとえ一日のうち僅かな時間とはいえ、教員とも学校医とも異なる職種の者が児童と学校生活を共にするということは、学校教育の歴史にとって画期的な出来事であった。

後でみるように、こうした非常勤・巡回制の「学校内治療」看護婦は、学校衛生の再興の機運が高まり、「継続的監督」による児童の健康保護が課題となるなかで、やがて「一校一名専任駐在制」学校看護婦へと〝変身〟を遂げていくことになるのである。

コラム

「研究方法論ノート」②

日本の学校に学校看護婦が現れたという歴史的事実は、学校教育の歴史にとってどんな意味をもつものであったのか――これが養護教諭成立史研究に取り組みはじめた私の問題意識であった。

修士論文のテーマを「学校看護婦の成立に関する研究」と確定し、誕生の意義を解明するために、以下のような手順で追究しはじめたのは、一九八〇年一一月、二五歳になったばかりの秋のことであった。

〝学校看護婦が学校制度を守った！〟――先行研究にあたり到達点を確認する

杉浦守邦氏（山形大学名誉教授）の業績から教えられることが多かった。『養護教員の歴史』（一九七四年初版、東山書房）と「養護訓導前史」（『健康教室』一九七一・七～一九七三・九）がそれである。

杉浦氏は、わが国における学校看護婦の出現について、「他の教育行政の施策と異なり欧米の制度を模倣したものではなく、必要に迫られて自然発生的に、設けられていったものである」（『養護教員の歴史』一九七四年初版、東山書房）としている。つまり、トラホームの蔓延という事態を放置すれば、「昇校停止」につながり、就学率向上に重大な支障をきたすことになるという「必要に迫られて」、各県独自の対策のひとつとして学校への看護婦派遣にふみきったというのである。裏を返せば、学校看護婦が派遣されなかったら、学校は存亡の危機に立たされていたともいえよう。〝学校看護婦が学校制度を守った！〟という、なんとも興味をそそられる事実を先行研究から教えられたのである。

〝冬の時代〟の学校衛生の担い手として――「学校衛生史」年表を作成する

そこで私は、学校看護婦の出現が、学校衛生の制度史のなかにどう位置づくのかを確認するため、自分なりの年表を作成していくことにした。

「三島通良、文部省学校衛生事項取調嘱託となる」（一八九一年九月）からはじまる学校衛生の歴史は、学校衛生顧問会議（以下、顧問会議と略す）の設置（一八九六年五月）を契機にして制度的整備がすすめられていく。わが国の重要な学校衛生制度を生み出すうえに、大きな足跡を残した」（日本学校保健会編『学校保健百年史』一九七三年、五三頁）とされている、この顧問会議（学校衛生主事・三島通良）は七年後の一九〇三年四月、突如として廃止され、「学校衛生課廃止、学校衛生主事廃官」（一九〇三年一二月）という経過をたどる。

こうして、学校衛生は〝冬の時代〟をむかえることになる。だが、ここで注目したいのは、学校看護婦がまさにこの時期に学校現場に現われはじめるという事実である。もちろん、顧問会議が学校看護婦の雇用・普及について建議したという事実はない。

さらに興味深いのは、顧問会議が廃止される約一カ月前、学校衛生主事であった三島に対して一年間の海外留学が命じられており、諸制度の廃止は、〝三島不在〟のうちに進められたものであったという事実である。

〝あるべき学校衛生の姿の模索〟期としての〝冬の時代〟――仮説をたてる

《顧問会議の廃止および学校衛生主事・三島通良の更迭》と《学校看護婦の出現》、この二つの事件がまったく無関係とは考えにくい。

私は次のように推理してみた。

- 三島学校衛生論への教育界の不満の表明が反動となって、〝制度的後退〟状況を生み出していったのではないか。
- まさにこの〝冬の時代〟に現われた学校看護婦が、その後の学校衛生の新しい担い手として期待されていく、という経緯からみて、「教育界の不満」は学校衛生不要論を意味するものではなく、〝あるべき学校衛生の姿〟を模索しようとする動きとしてとらえることができるのではないか。
- 「学校医」制度の不備をいかに補うか。学校看護婦の出現も、それと不可分に結びついていたに違いない。

こうした仮説に基づいて、私は二カ月後に提出が迫った修士論文の一環として、生成期学校衛生の実証的研究に取り組んでいったのである。

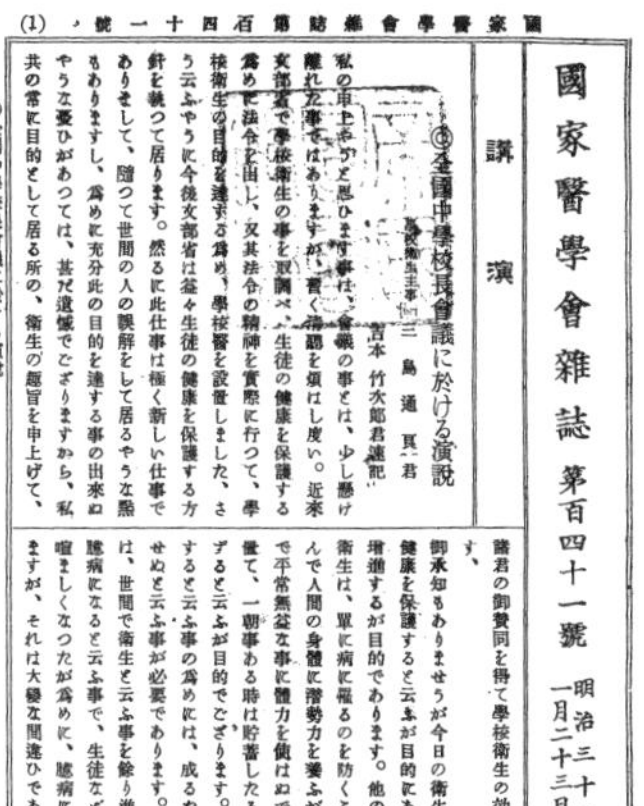

國家醫學會雜誌第百四十一號 (1)

國家醫學會雜誌 第百四十一號 明治三十二年一月二十三日發行

講演

◎全國中學校長會議に於ける演説

[illegible]衛生主事 三島通良君

吉本竹次郎君速記

私の申上げやうと思ひます事は、會議の事とは、少し懸け離れた事ではありますが、暫く清聽を煩はし度い。近來文部省で學校衛生の事を取調べ、生徒の健康を保護する爲めに法令を出し、又其法令の精神を實際に行つて、學校衛生の目的を達する爲め、學校醫を設置しました、さう云ふやうに今後文部省は益々生徒の健康を保護する方針を執つて居ります。然るに此仕事は極く新しい仕事でありまして、隨つて世間の人の誤解をして居るやうな點もありますし、爲めに充分此の目的を達する事の出來ぬやうな憂ひがあつては、甚だ遺憾でございますから、私共の常に目的として居る所の、衛生の趣旨を申上げて、諸君の御賛同を得て學校衛生の効果を占めたいと思ひます、

御承知もありませうが今日の衛生の目的は、單に人間の健康を保護すると云ふが目的にあらずして、進んで之を増進するが目的であります。他の語を以て之を言へば、衛生は、單に病に罹るのを防ぐことが目的ではなく、進んで人間の身體に潜勢力を養ふが目的であります。それで平常無益な事に體力を使はぬで、充分勢力を貯蓄して置て、一朝事ある時は貯蓄したる勢力を以て、其用に應ずると云ふが目的でございます。そこで今の勢力を貯蓄すると云ふ事の爲めには、成るたけ無益の事に身體を勞せぬと云ふ事が必要であります。一方誤解を招き易い事は、世間で衛生と云ふ事を餘り進めると、其爲めに人が臆病になると云ふ事で、生徒などの如きは、衛生の事が喧ましくなつたが爲めに、臆病になつたと云ふ事でありますが、それは大變な間違ひであります。成る程先進て

◎全國中學校長會議に於ける演説 一

『国家医学会雑誌』第141号に収められた三島通良の「全国中学校長会議に於ける演説」。ここで三島は、衛生は単に健康を保護するのではなく、すすんでこれを増進するのが目的だと言っている。

第三章
山田永俊と岐阜県における学校看護婦

山田永俊
（1872〜1956）

●はじめに

明治期に起きた〝学童の間でのトラホームの大流行〟によって、生成期学校衛生はその土台から激しく揺さぶられることとなった。それに対して有効な対応策を打ち出すことができなかった学校衛生顧問会議（以下、「顧問会議」と略す）は、批判の声と当時の社会状況の前に廃止へと追い込まれていく（第二章）。しかし、それが〝学校衛生不要論〟を意味するものでなかったことは、顧問会議の廃止（一九〇三年四月）直後、日本で最初の学校衛生専門月刊誌『学校衛生』（学校衛生研究会、主幹・原田長松）が創刊（一九〇三年五月二〇日）されていることからも明らかである。

中央主導ですすめられてきたこれまでの学校衛生のありかたを問い直し、地方の実情に立って〝あるべき学校衛生の姿〟の模索が始まったのである。

●「学校医の〝常駐〟と〝全校配置〟」構想

雑誌『学校衛生』には、学校衛生の不振・不完全を指摘し、その改善を求める声が相次いで掲載された。なかでも、第六号（一九〇三・一〇・二〇）に載った、茨城県の学校医・池田《いけだ》鉄之助《てつのすけ》の提言は、「国家にして、児童を強へて入学せしむる以上は充分なる注意を以《も》って極力完備せしむるの責任を有すればなり」という立場から当局に改善を迫ったもので、八項目にわたる具体策を提示していた。

注目したいのは、池田が第四番目にあげた次のような提言である。

「何れの学校にも適当の学校医を置きて常に衛生上の監督をなさしめ……。」（傍点引用者）

すなわち池田は、「特別の事情あるときは、村立学校及五千未満の町立学校には、当分の内《うち》、学校医を置かざるを得《う》」（勅令「公立学校に学校医を置く」第一条）という〝除外例〟規定を廃止して「学校医の〝全校配置〟」の実現を求めただけでなく、その〝常駐〟をも迫ったのであった。〝嘱託〟学校医の設置率でさえ、未《いま》だ四〇%に満たなかった当時にあって、〝常駐〟がはるかな夢であることは、教育現場の実情を知っている学校医の池田にとって、承知のことであったろう。にもかかわらず、池田は、あえて学校医の全校配置とその常駐を唱えたのである。

「学校医」という言葉を「学校看護婦」に置きかえてみよう。そこで想い起こされるのは、山口正の「学校看護婦」構想である（プロローグ）。

つまり、池田提言は、「衛生上の専門的知識を有する常勤職員」の全校配置によって学校衛生の振興をはかるという、一九一〇年代になって登場してくる「一校一名専任駐在制」学校看護婦の構想につらなる発想を含んだ、重大な問題提起であったといえよう。

●眼科医からの学校衛生改善要求

学校衛生改善要求の論陣を張った者たちのなかに、眼科医がふくまれていたことに注目したい。たとえば、井上達七郎《いのうえたつしちろう》という眼科医は、「トラホームノ予防」と題する講演（『国家医学会雑誌』第一三二号、一八九八・四・一五、一三九〜一四八頁）のなかで、自らが考案した「トラホーム予防対策」を紹介したあと、結論としておよそ次のように述べている。

〈トラホームは、初期（他覚的に発見できる時期）であれば、全治可能である。したがって、学校衛生においてトラホーム対策を講ずる際、予防面のみらず早期治療によるトラホーム撲滅にも力を入れて取り組まなければならない〉

井上は、それが「本病ニ対スル随一防御法タル」（一四七頁）とする立場から、顧問会議のメンバーのなかに眼科の専門家がひとりもいないことに批判を加えるとともに、「今ニ於《おい》テハ校医ノ選定ニ於《おい》テ眼科学上ノ智識《ちしき》ヲ備フル者ヲ挙《あ》ゲラレンコト切望ニ耐ヘス」（一四七頁）として、眼科専門「学校医」の起用を主張したのであった。

顧問会議廃止後も、眼科医からの学校衛生への改善要求は続いている。学校医の立場から、トラホームの〝学校内治療〟をいち早く提言したのは岐阜県の眼科医・山田永俊《やまだえいしゅん》であった。山田は、先に紹介した池田提言が掲載された『学校衛生』第六号のなかで、次のように述べている。

「余《よ》の医局は患者の最も多き岐阜市高等小学校及び明徳尋常小学校に近接するのみならず、眼科専門の故《ゆえ》か殆《ほと》んど患者の半数は余《よ》の許《もと》に蝟集《いしゅう》し、昨秋（明治三五年）以来日々多きは百名を超え、少なきも三四十名を下らず、初めは其《その》症の軽重性質により或《あるい》は手術、或は腐触、或は罨法《あんぽう》等を以《もっ》て其《その》治を促し、以《もっ》て責任を尽くしたりと自信せしが、豈図《あにはか》らんや次回の身体検査により、前回の治者も亦《また》再発来校するもの十中の二三名を下《くだ》らず」（七六頁）

こうした自らの体験をふまえて、「学校衛生は即ち国家衛生にして、国民の不具廃疾《ふぐはいしつ》は即ち国家の殖産工業に多大の影響を及ぼす」（七六頁）という見地から、「寧《むし》ろ一歩を進めて、各学校に於《おい》ては当該生徒のみならず、之《これ》に関聯《かんれん》せる家庭の予防及治療に対し充分の警戒と治療を施すの方針を取られんことを切望」（七六頁）したのであった。

●岐阜県における学校看護婦事業

トラホームの「学校内治療」のため、いち早く看護婦を派遣したのが岐阜県であったことはすでに述べた（第二章）。

杉浦守邦氏の業績に学びながら、それを手がかりに、岐阜県における学校看護婦事業のあゆみをみていこう。

・一九〇五（明治三八）年　九月　羽島郡竹ヶ鼻尋常高等小学校および笠松尋常高等小学校で、トラホーム洗眼治療のための派遣看護婦を採用。

・一九〇五（明治三八）年一二月　トラホーム罹患《りかん》者児童が多数いる学校所在地の市町村に対して、県当局は、看護婦を雇用して治療にあたらせることを勧告。

・一九〇六（明治三九）年　二月　岐阜市高等小学校（現在の岐阜市立京町小学校）で、県立病院（現在の岐阜大学医学部附属病院）から看護婦を招聘《しょうへい》してトラホームの治療を開始。「荒垣敏子《あらがきとしこ》」が看護婦として派遣される。

・一九〇八（明治四一）年　九月　「荒垣敏子」の後継者として、県立病院から「広瀬《ひろせ》ます」が岐阜市高等小学校に派遣される。

・一九〇九（明治四二）年一一月　岐阜市高等小学校、「広瀬ます」を市費による専任学校看護婦として採用（県立病院からの派遣職員としての身分から学校職員に変更）。

・一九二三（大正一二）年　四月　岐阜市、市内全校に学校看護婦を配置。

こうして岐阜県における学校看護婦事業のあゆみを振り返るとき、岐阜市高等小学校の学校看護婦が果たした役割の大きさにあらためて気づかされる。なかでも、初代学校看護婦「荒垣敏子」（勤続二年七カ月）のあとをうけて、同じく県立病院から派遣され、その後、現職のまま病に倒れ五二歳の生涯を終えるまで、専任学校看護婦として二八年の長きにわたって同校（その後、京町小学校と改称）に勤務した「広瀬ます」（一八八三〜一九三五）の功績を見逃すわけにはいかない。

●岐阜市高等小学校と専任看護婦「広瀬ます」

ところで、岐阜市高等小学校は、岐阜市の中心部に位置し、市内唯一の高等小学校として、明徳尋常小学校をはじめ近接する尋常小学校の卒業生を受け入れていた。

そうした性格をもつ小学校であったから、一九〇五（明治三八）年一二月の「通牒《つうちょう》」をうけて、県下に先駆けて「学校内治療」を実施することにしたのであろう。その経緯について、一九二〇（大正九）年より同校の校長を勤めた佐藤貞次郎《さとうていじろう》は、「学校看護婦設置の今昔」（『養護』第三巻第一〇号、一九三〇・一〇）のなかで、およそ次のように述べている。

〈トラホーム罹《り》患児童に通院勧告しても、いっこうに効果があがらないことから、当時の校長・佐賀条三郎《さがくめさぶろう》の発案により校医と協議のうえ、保護者会で同意を得て実施に踏み切った〉

すなわち、学校長が、校医と父母に諮《はか》ったうえで看護婦の派遣を依頼した、というのである。これは、「通院治療」から「学校内治療」への単なる形態上の変化にとどまらない意義をもっているように思われる。なぜなら、児童のトラホーム治療を「公衆衛生」施策としてでなく、「学校衛生」の仕事として取り込んでいこうとする発想をそこにみるからである。

だからこそ、広瀬の献身的な仕事ぶりによるところももちろん少なくなかったであろうが、「専任化」を重要なステップにして、学校看護婦の「全校配置」の方向へと進んでいくことが、論理的にも必然性をもっていくのである。その意味でも、岐阜市高等小学校の〝英断〟は、学校看護婦がその後、学校衛生の重要な担い手として〝自己形成〟していくうえでの大きな跳躍台の役割を果たしたものといえる。

岐阜市高等小学校での広瀬の仕事ぶりが、地域にどれほど親しまれ、またその功績がいかに大きなものであったかは、彼女の没後、「岐阜市京町小学校父兄会」の手によって碑が建立《こんりゅう》されたことからもうかがい知ることができる。岐阜市の象徴ともいえる金華山の東麓の山裾に静かに建てられた頌徳碑《しょうとくひ》には、「……全生涯ヲ岐阜市京町小学校看護婦トシテ力ヲ児童ノ保健養護ニ輸《いた》シ頗《すこぶ》ル其《そ》ノ信愛ヲ受ケ……学校看護婦会ノ為ニ尽スコト尠《すくなか》ラス斯《か》クテ其《そ》ノ名声県外ニ及フニ至ル実ニ偉ナリト謂《い》フヘシ……」という文言が、端正な文字でしっかりと刻みこまれている。

●山田永俊の経歴と功績

さて、山田永俊の話題にもどそう。彼が、〈各学校において、トラホーム罹患児童と家庭に対して、「充分の警戒と治療を施す」べし〉と提言したのが、岐阜県に「学校内治療」看護婦が出現する二年前であったことにあらためて注目したい。それだけではない。山田は、さらにその二年前の一九〇一（明治三四）年に、学校看護婦の採用にいち早く踏み切った、あの岐阜市高等小学校の近隣（京町九四四番地の四）で、「山田眼科院」という診療所を開業しているのである。

山田は、開業一〇周年を記念し、「眼科的のみならず間接に一般衛生思想を喚起するの一助」（序言）として一六頁からなる小冊子『通俗眼病論』を自費出版していた（一九一一年）。そのなかで、「トラホーム」という項をおこし、岐阜県でのトラホーム予防対策にもふれて次のように述べている。

「……急性は一時に赤くなり、腫《は》れ上がり眼脂《めやに》が出てゴロゴロする感覚を生じ、適当の治療によれば一カ月諮《ばか》りで全治する……。（中略）。……この病気が伝染性の者で殊《こと》に眼脂から触接伝染をすると云《い》う事は、事実上争ふべからざる処《ところ》である、故《ゆえ》に予防消毒に於《おい》ては決して油断してはならぬ。我《わが》岐阜県に於ても已《すで》に此《この》方針によって予防法を講じて居れるのは、已《すで》に、世間に知れ亘《わた》った事実である……。」（八頁、原文にはすべてフリガナがうたれている。誰もが読めるよう

にとの配慮からであろう）

かつて山田が、『学校衛生』誌上でトラホームの「学校内治療」の必要性を説いていたことは前述した。「我岐阜県に於ても……」という件《くだり》から、政治家としての片鱗をうかがうことができる。しかも奥付には、「希望者には無料にて頒布します」とあり、開業一〇周年の記念出版とはいえ、地方の一眼科医が「一般衛生思想を喚起」するために啓蒙書を無料頒布するには、相当の志あってのことにちがいない。

山田永俊とは、いかなる人物であったのか。

『郷土歴史人物事典〈岐阜〉』（吉岡　勲編著、一九八〇年、第一法規）がその経歴と業績を要領よくまとめているので以下に引用しておく。

やまだ・えいしゅん

一八七二〜一九五六。政界でも活躍した眼科医。岐阜名誉市民。方県郡西開田（現・岐阜市西改田）出身。兄が死んだため記録には長男とされている。初め小学校や役場などに勤めたが志を立てて上京し、大垣出身の医師江馬春熙宅に身を寄せた。代言人（弁護士）になることが目的であったが、春熙のすすめで医師への道を進むことになった。明治二八年（一八九五）医学専門学校済生学舎を卒業し、神奈川の戸塚町で三年間開業したが、再び東京帝大に学んで眼科を専攻、同三四年、岐阜市に帰って山田眼科院を開業した。同三九年、医師法が公布されると、推されて岐阜医師会の幹事となり、さらに県医師会会長・日本医師会副会長にもなって、当時不治の病とされた結核の予防に活躍した。

彼は医師として患者の治療に当たるかたわら、明治二一年に創刊された県下自由党の機関誌、濃飛日報に、十年余り、論客・政治家として社説を書きつづけた。そのため、同四三年岐阜市議会議員に立候補して当選、四期務め、大正九年（一九二〇年）には衆議会議員にも当選している。その間、大正三年の岐阜市民による電燈料値下げ運動には、市民派議員としてその先頭に立ち、値下げを認めさせている。

当時彼は市会議長であった。一方、大正六年には、かねて尊敬する板垣退助の銅像を、遭難の地岐阜公園に建設する発起人にもなった。（一四九頁）

岐阜県でトラホームの「学校内治療」がはじめられた当時、すでに山田は、地方の一眼科医であっただけでなく、県医師会幹事という要職にあったのである。そして、山田が市議会議員・議長、県選出の衆議院議員として、また県医師会会長として敏腕を振るった一九一〇年前後から一九二〇年代初頭にかけては、非常勤・巡回制の「学校内治療」看護婦として出発した学校看護婦が、「専任学校看護婦」に発展し、さらに全校配置によって「一校一名専任駐在制」学校看護婦として変身を遂げていった時期と符合している。

山田の政治的影響力なしには、おそらくこうした学校看護婦事業の進展はありえなかったと思われる。一九二三（大正一二）年に岐阜市で実現した学校看護婦の全校配置は、これまで中央主導ですすめられてきた学校衛生を、地方の実情にたって問い直し、〝あるべき学校衛生の姿〟を模索するなかで結実した、ひとつの到達点であった。

●おわりに

山田永俊と岐阜市高等小学校を中心に、岐阜県における学校看護婦事業のあゆみをたどってみた。眼科医として、さらには岐阜市・県政の牽引車として生涯をまっとうした山田永俊。学校看護婦として市・県内はもちろんのこと全国的にも学校看護婦の身分確立のために献身的な生涯を送り、病に倒れた広瀬ます。

二人の生涯は、『ぎふにすだつ心』（岐阜市教育委員会、一九五八年）という小・中学校用副読本のなかでそれぞれ「医者の道をひろげて　名誉市民　山田永俊」「愛のあしあと　学校看護婦広瀬ます」という伝記としてまとめられ、長く読みつがれている。

とはいっても、山田や広瀬の業績は、中央での政策づくりに比べれば、たしかに一地方でのささやかな取り組みにすぎないかもしれない。

しかし、〝冬の時代〟におけるこうした地方レベルでの着実なあゆみは、次第に全国に波及し、やがて大きな渦となることによって、このあと訪れる学校看護婦制度改革への確かなエネルギーをつくりだしていくことになるのである。

コラム

「研究方法論ノート」③

この欄で私は、一九八一年一月に東京都立大学人文科学研究科に提出した修士論文「学校看護婦の成立に関する研究――学校衛生の史的展開と『一校一名専任駐在制』学校看護婦の出現」のことをしばしば話題にしてきた。

これまで取り上げてきた個々のテーマは、いずれも修士論文の重要な構成要素をなしているものである。

しかし、構成と叙述の方法は、修士論文と本書ではかなり異なっている。前者が時間軸にそって年代順に追っていく形式で叙述しているのに対して、後者は必ずしも時間的経過にこだわってはいない。①全体のテーマが両者で異なっていること、②それとのかかわりで取り上げる対象と時代の範囲がひろがってくることが、その主な理由である。

修士論文のテーマとその構成

サブタイトルにあるように、修士論文のテーマは、一九二〇年代に大阪市北区済美学区に出現してくる「一校一名専任駐在制」学校看護婦が学校衛生の歴史のなかでどのような意味をもつものであったかを解明することであった。取り扱う時代は、学校衛生制度が確立してくる前後（一八九〇年頃）から、一九二〇年頃までの約三〇年間である。論文の構成は、以下のようになっている（項レベルは省略）。

序　課題と方法
一・生成期学校衛生の史的展開と学校看護婦の誕生
①「学校衛生顧問」設置以前の状況
　　――学校衛生の生成とその理論的基盤
②「学校衛生顧問」制度の成立と展開
③生成期学校衛生の矛盾と学校看護婦の出現
二・学校衛生〝再興〟への胎動と学校衛生理念の〝転換〟
①「制度的後退」期にあらわれた学校衛生の〝新しい様相〟
②石原喜久太郎「学校衛生革新」の方針と学校衛生理念の〝転換〟
三・「一校一名専任駐在制」学校看護婦の出現

①わが国最初の「学校看護婦制度」導入をめぐる討議
②わが国最初の「一校一名専任駐在制」学校看護婦の出現

結　まとめ

本書のテーマとその構成

これまでのテーマを列挙すると次のようになる。

①「第一回　大都市連合教育会」と山口　正の「学校看護婦」構想
②「一校一名専任駐在制」学校看護婦
③「常勤助手」構想と「学校内治療」看護婦
④山田永俊と岐阜県における学校看護婦

学校看護婦から養護訓導、そして養護教諭と名称は変更されてきたが、いうまでもなく、また歴史の事実をみればわかるように、〝名称変更〟そのものが仕事の中身を変えてきたわけではない。ちょうど元号が「昭和」から「平成」に変わっても、私たちの生活の中身が何ら変化しなかったように。

養護教諭成立史を考えるうえで、「一校一名専任駐在制」学校看護婦（これは、いわゆる〝名称〟ではなく、性格づけをしたものである）の出現が、重大な画期をなすものであると私はとらえている。

修士論文では、まさにそのことを〝学校衛生の担い手の歴史〟という角度から浮き彫りにしようとしたのであった。

本書が「一校一名専任駐在制」学校看護婦の出現に直結するものとして、山口　正の「学校看護婦構想」と第一回大都市連合教育会での討議から説きおこしているのは、そうした修士論文での実証作業がベースになっているからである。

この章では、「学校内治療」看護婦の登場とその背景のなかに、「一校一名専任駐在制」学校看護婦につながる萌芽をみようとしてきた。

さて、次章の展開はどうなるか。各章の構成とその論理を追いながら読んでいくのもおもしろいかもしれない。

第四章

〝学校衛生革新論〟のなかの学校看護婦

石原喜久太郎
(1872〜1944)

●はじめに

一九一四（大正三）年、一月七日、霧につつまれた横浜港に入港間近を告げる汽笛の音が鳴り響いた。洋上の客船のデッキには、霧雨のなか、徐々に近づいてくる陸地を見つめる一人の男の姿があった。三年間にわたる欧州視察を終え、帰国の途についた石原喜久太郎《いしはらきくたろう》（一八七二～一九四四）である。久し振り見る故国の地をなつかしむというよりも、何事か決意を秘めたまなざしで、コートの襟を立てたまま石原は前方を見つめ続けていた。

一九〇三（明治三六）年に文部省学校衛生課が廃止されて以後、学校衛生に関する事務処理はすべて文書課に移管され、指導監督機関については、学校衛生主事の廃官にともない、かろうじて「学校衛生取調嘱託」というかたちで残されることになった。古瀬安俊《ふるせやすとし》とともに「文部省学校衛生取調嘱託」を命じられたのが、石原喜久太郎（当時、東京帝国大学医科大学助教授。国家医学講習科において学校衛生を担当）であった。一九一〇（明治四三）年一月のことである。

●文部省学校衛生取調嘱託「石原喜久太郎」

就任するや石原は、学校衛生状況をさぐる調査活動を開始する。むろん学校衛生の〝再興〟を図るためである。この調査活動をとおして「将来ニ対スル事案」を得た、と後に石原は述べている（『石原学校衛生』一九二〇年、吐鳳堂、自序、二頁）。

しかし、この時点では「将来ニ対スル事案」を直ちに表明しようとはしていない。極めて慎重な態度をとったのである。欧州視察に出かける直前（一九一一月三月五日）、小学校教員を対象に行なわれた講習会での「学校衛生」と題する講演でも、「文部省の当局者」という立場からの発言に終始した。冒頭で、石原はその苦しい胸のうちを次のように語っている。

「私は文部省に於《おい》て学校衛生の当局者でありますからして当局者の職責上茲《ここ》に充分の事を御話する自由を得ませんので、諸君の今日学校に於て感じて御出《おいで》になる所の適切なることに関して充分の意見を述べるまでに今日は時機が達して居りませぬ、……」（『神奈川小学校教員・第一回講習会講演集』一九一一・八、一六五頁、傍点引用者）

石原が欧州視察に出発するのは、この講演の一三カ月後である。ドイツのドレスデンで開催された万国衛生博覧会に文部省代表として出席し、引き続きドイツに六カ月間滞在したのち、その足でオーストリアへの留学を果たしている。そしてオーストリア留学後も、石原は主としてドイツの学校衛生の現況調査に力を注ぐ。文部省、市役所、警察署などで学校衛生制度・組織について調査するだけでなく、衛生学者をはじめ各地の学校医長、学校医に面会して実情および意見を聴取し、さらには学校見学も実施している。都合三年間にわたって欧州での学校衛生の現況を視察する機会を得たのであった（『石原学校衛生』自序、一～三頁）。

石原が、ドイツにおける学校衛生の現状に刺激を受け、わが国における学校衛生〝再興〟の必要性を痛切に感じとって帰国したであろうことは容易に想像できる。帰国直後、文部省関係者によってもたれた「報告会」の席上で、ドイツの学校衛生の現状視察を終えての感想を、石原は次のように語っている。

> 「学校衛生は独逸《ドイツ》が最もよく発達して居《お》り又最も宜《よ》く骨を折って居る、……健康な第二国民を造ると云うことは学校衛生の目的であり理想であって其理想を現に顕はしつつある、……我々は日本人は斯《こ》ういふ独逸のやうな国民と始終競争しなければならぬのである、若《も》し日本の学校衛生が現在の通りで居《お》ったならば、即《すなわ》ち進歩発達しないでいるならば日本の健康なる次代国民を造《つく》ると云《い》ふことはどうなるであらうか」（「学校衛生の発展に関する卑見」、『国会医学会雑誌』第三三六号、一九一五・一、国家医学会、一～二頁、傍点石原）

石原がドイツの現状にみた「進歩発達」した学校衛生の姿とはどんなものであったか。

「独逸《ドイツ》ノ学校衛生ハ多年ノ歴史ガアツテ、練磨《れんま》セラレテ自治体ニ根底ヲ確立シテ出来タノデアル、日本ハ反之而《これにはんし》、当局ノ賢明ニヨリ、政府カラ布《し》イタノデ、ソレガ未《いま》ダ十分ニ自治体ニ浸《し》ミ込《こ》ンデ居《お》ラヌソレハ今後ノ努力ニヨル」（『石原学校衛生』六八〜六九頁）

こうして石原は、「自治体ニ根底ヲ確立シテ」いるドイツ学校衛生のなかに、〃あるべき学校衛生の姿〃を見いだし、わが国の学校衛生〃再興〃にあたって、地方レベルでの学校衛生の振興を図るべく、さまざまな提言を精力的におこなっていくことになるのである。

●第一回文部省学校衛生講習会の開催

石原が火急の課題として取り組んだのは、学校医を対象とした「学校衛生講習会」（主催・文部省）を実現することであった。地方レベルでの学校衛生を振興するために、リーダーとなるべき人材を育てることをねらいとしたものであり、「学校医制度」発足以来、文部省において何度となく計画されては見送られてきた懸案事項でもあった。

一九一四（大正三）年四月一六日、石原はその企画案を文部大臣に建議する。そして、ついに最初の「文部省学校衛生講習会」が実現に到る。企画から約半年、同年十一月二日から二一日までの三週間、東京帝国大学医科大学を会場として開催されることになったのである。

『日本学校衛生』（第二巻第一一号、一九一四・一一、大日本学校衛生協会、六三頁）に予告された学科目および講師は以下の通りである。

・学校衛生学

東京帝国大学医科大学教授　医学博士　緒　方　正　規

同　助教授　文部省嘱託　石原　喜久太郎

文部省嘱託　古　瀬　安　俊

・伝染病科（講義及び実習）

石原　喜久太郎

古　瀬　安　俊

・一般衛生学

東京帝国大学医科大学教授　医学博士　横手　千代之助

・学校歯科

東京帝国大学医科大学助教授　石　原　　久

・教育病理

九州帝国大学医科大学教授　医学博士　榊　　保三郎

・低能児の診断

東京帝国大学医科大学助教授医学博士　三　宅　鉱　一

・低能児の教育

東京高等師範学校教授　乙　竹　岩　造

・トラホーム
　東京帝国大学医科大学教授　中泉行徳
・体操に関する理論
　東京高等師範学校教授　永井道明
附記　前記各学科中歯科及「トラホーム」には患者の実習あり
・科外講演
　講演者は文部省内務省等の高等官其他の高等官より嘱託の見込
・参観
　（不定時）学校病院其他必要の箇所を参観せしむ

「学校歯科」「トラホーム」の講義および実習「体操に関する理論」「低能児の診断」「低能児の教育」などにみられるように、児童生徒個人の健康保護にかかわる学科目を掲げていることに注目したい。環境衛生と身体発育検査を二大職務として学校医に課してきたのが生成期学校衛生であった。しかしこの講習会では、環境衛生よりも、むしろ個人衛生に、また、身体発育検査というよりも、むしろ心身の健康状態の診断と事後措置のありかたに重点をおいた学科目構成となっているのである。こうした点は、この「第一回学校衛生講習会」が、《地方レベルの学校衛生の振興を図るための人材育成》とともに、《学校衛生の〝再興〟にふさわしい〝新しい理念〟の提起》の場でもあったとも考えられる。

上記の学科目のほか、「脊柱彎曲《わんきょく》」「耳鼻咽喉科」「皮膚科」「衛生統計」「教育行政」「小児保健と学校衛生」「結核の予防」などの講義も行なわれた。

以降、毎年一回、講習会は開催されていく。出席した学校医は、帰郷後、出身学校医会で伝達講習会を開くなどして、地方への学校衛生の知識の普及につとめたという（『学校保健百年史』一九七三年、日本学校保健会、一二〇頁）。

講習会は予想を超える応募者（二百数十名）をかぞえ、やむなく百数名に人数制限せざるをえないほどの盛況ぶりであった（『石原学校衛生』自序、四頁）。

石原は、この〝盛況ぶり〟をみて、「学校衛生復興ノ機運已《すで》ニ萌芽セリ」（四頁）という確信をいっそう深めることになる。そして何よりも石原を励ましたのは、学科目構成にみられる石原の学校衛生についての考えと現場にいる学校医が抱いていた考えとが、基本的に一致していたことである。

石原が、欧州視察に出かける以前から久しく心のなかであたため続けてきた〝学校衛生革新論〟を披瀝するのは、講習会終了直後に開かれた国家医学会第二八次総会においてであった。

●石原喜久太郎の〝学校衛生革新論〟

この総会のなかで行なった講演「学校衛生の発展に関する卑見」（『国家医学会雑誌』第三三六号、一九一五・一、国家医学会、一～二〇頁）がそれである。

講演のなかで石原は、従来の学校衛生の考え方に対して根本的な問い直しを迫る。その一つが、「一般共通的方面」（建物の衛生、校地の選定、校舎の配置など）中心の学校衛生から「個人的の方面」に力点をおいた学校衛生へと〝転換〟を図ることであった。

> 「個人的のものと云《い》ふのは詰《つ》まり各自の一人り《（ママ）》一人り《（ママ）》の児童の健康を宜《よ》くして行《い》かうとするのであります、此《この》点を今後段《くぎり》に力を入れて行かなければ日本の学校衛生と云《い》ふものは進歩しない、……個人的の方面に力を入れると云《い》ふことは此《この》日本現在及将来の学校衛生上最も大切の点であらふと思ふのであります」（八～九頁）

「個人的の方面」重視という観点は、当然のこととして「身体検査」のあり方の再考を求めることになる。すなわち、「身長、体重、胸囲」に重点をおく身体検査から、「現在の健康状態」に力点をおく身体検査への転換である。だが、石原の主張はそれにとどまらない。「健康上に欠点のある」児童に対しては、「発見」に努めるだけでなく、学校での「継続的衛生監督」（一四頁）をはじめとした「善後策」を講ずるべきであるとしたのである。

また、「児童の健康」を規定する要因について石原は、「体質上の遺伝関係」（九頁）「学校に這入《はい》るまでの生活状態」（九頁）をあげ、総じて「児童の保護者の社会上の地位生活と云《い》ふことが違ふからして其《その》影響が必らず児童に顕《あら》はれて居《い》る」（九頁）ととらえる。そして、それらの要因によって健康が阻害された児童の健康保護を積極的に学校衛生の仕事として取り込んでいこうとする。それゆえ、それまで学校衛生の対象外におかれてきた「低能児・虚弱児」にも必然的に光があてられることになる。

かくして石原は、①「現在の健康状態」の診断に力点をおいた身体検査を実施すること、②身体検査の結果に基づいた「善後策」を講ずること、③「善後策」の実施にあたって、学校では「継続的衛生監督」を行なうこと、④「低能児・虚弱児」の健康保護にも留意すること、の以上四点を基調とする〝学校衛生革新論〟を展開していくのであった。

●学校医の新しい職務——「家庭との連絡」

学校衛生講習会の実現にみられるように、石原は「個人的の方面」重視の学校衛生事業の担い手として、学校医に多大な期待をかけていた。なかでもその具体的な職務として強調したのが「学校と家庭との連絡」であった。その意義と「家庭との連絡」をすすめるうえでの視点を、石原は次のようにとらえる。

「学校と家庭との間に立って児童保護を執《と》らなければならぬ、日本に於《お》いては之《こ》れが一般に欠けて居《い》る、……。固《もと》より学校医の方で幾《いく》ら注意しても聞かぬ家庭が沢山《たくさん》ある、けれども……決して腹を立てては出来ない、……家庭に対し単に其《その》一人の児童の健康を宜《よ》くすると云《い》ふ丈《だけ》の必要でなく家庭を教育して行くという必要上から此《この》連絡を勤《つと》むる」（一七頁）

すなわち、「家庭を教育して行く」（一七頁）という見地から学校と家庭との間に立って、「健康上の連絡」（一七頁）をとることを、石原は学校医に求めたのである。その方法として、石原は次の三点をあげる。

①学校衛生に関する通知書……児童の症状及びその症状が、児童の「身体及び精神の発育」にどんな影響を及ぼすかについて詳しく記入し、家庭がとるべき措置を指示する。
②家庭訪問……学校医が家庭を訪れ、口頭で保護者に説明する。
③保護者会への出張……保護者会に学校医が出席して、学校衛生について説明する。

（前掲論文、一八頁から要約）

だが、依然として開業医による嘱託制学校医に頼っている現状にあっては、石原の構想も〝砂上の楼閣《ろうかく》〟にすぎない。ここに、「学校衛生ノ補助機関」としての〝学校看護婦〟構想が浮上してくるのである。

●「学校衛生ノ補助機関」としての学校看護婦

国家医学会第二八次総会での講演の二年後、石原は「学校衛生の現状及革新の方針」(『現代教育』第三三号、一九一六・三、東京教育研究会)という論説を発表する。このなかで、「家庭との連絡」について、ドイツの具体例を紹介している。

「……最も行き届いたる所では、医者が家庭へ臨《のぞ》む事にしてある所もある。又《また》、特に家庭との連絡を計《はか》り、且《か》つ家庭の欠点を捕《(ママ)》はせる為《た》めに学校看護婦と云《い》ふものが置いてある」(二七頁、傍点箇所は、原文ではゴチック体)

欧米の学校看護婦についての紹介としては、山口　正の論文「学校看護婦」(一九一六・一一)よりもわずであるか先んじている。もっとも、欧米に学校看護婦が置かれているという事実については、武部欽一(当時、文部省参事官)が、その二年前(一九一四年)の十一月におこなわれた「第一回文部省学校衛生講習会」(前述)での講義「教育行政」(『日本学校衛生』第三巻第二号、一九一五・二所収)のなかでわずかに言及している。

「シャロッテンブルグ式の学校看護婦」として、石原が紹介した職務内容を列挙しておこう。

①学校から勧告した事を家庭が行なわない時は、看護婦が家庭を訪れ、事情を医者に報告して、医者の指揮によって医療を受けさせる。
②もし、「貧者なれば市医又は慈善病院へ」看護婦が連れていってやる。
③「家庭の相談に応じて色々の説明の労《ろう》を採《と》る」
④「眼鏡、脱腸帯等を要するものには、それを見て買ってやる」
⑤「風呂に入れないとか、食物が足りないとか、睡眠が足りないとか云《い》ふ事は総《すべ》て注意を与へてやる」
⑥「学校給食上の世話もして行く」

（引用および要約は、前掲論文二七頁より）

石原は、「学校看護婦は、家庭に衛生思想を注入し、学校と家庭との健康上の連絡を計《はか》る上に大いに効果のあるものである。」（二七頁）と述べて、〃学校衛生革新の方針〃を説いたこの論説を結んでいる。

すでに述べたように、石原は、学校衛生を「国民衛生、国民健康保護の基礎」として確立しようと考えていた。そうした〃構想〃のなかにあって、「学校と家庭との間に立って児童保護を執《と》」り、「学校と家庭と同時に改良して行く」ことは、まさに中核となるべき課題であった。その担い手として、石原は、学校医とならんで「学校看護婦」という職種に着目したのである。

●おわりに

〝冬の時代〟にあって、「自治体ニ根底ヲ確立シテ」いるドイツ学校衛生のなかに〝あるべき学校衛生の姿〟を見いだし、地方レベルでの学校衛生の振興を図るべく、石原が行なった数々の提言は、学校衛生の再興を求める全国的なうねりのなかでその後一つずつ実現していくことになる。

たとえば、一九二〇（大正九）年二月に改訂された「学校医ノ資格及職務ニ関スル規程」には、職務として「病者、虚弱者、精神薄弱者等ノ監督養護ニ関スル事項」が加わっている。また、同年七月の「改訂・身体検査規程」では、従来の検査中心の身体検査から事後措置に重点をおいた身体検査へと大転換をとげている。いずれも、石原が学校衛生の新しい考え方として提唱していたものである。

一方、中央機関としては、文部省に学校衛生官一名が置かれた（一九一六年六月）のを足がかりに、ついには一九二一年六月、文部省大臣官房に学校衛生課が設置される。

漆黒の闇につつまれた本郷の森。時計の針はまもなく午後一一時を指そうとしている。しかし、東京帝大医学部には明かりの消えていない窓があった。衛生学教室第二講座の部屋である。そのカーテンのむこうには、机に向かい熱心にペンを走らせる石原の姿があった。石原は、柱時計が一一時の刻を告げるのを聞き、突然、現実に引き戻されたかのように原稿用紙から顔を上げる。そして、ふと遠くを眺めるようなまなざしで、視線をさまよわせた。

欧州観察を終え、横浜港へ向かう船のデッキから故国での学校衛生再興の夢に胸を熱くしていた自らの姿を思いだしていたにちがいない。石原の手による大著『石原学校衛生』が上梓されたのは、一九二〇（大正九）年のことである。

「第七章　都市ノ学校衛生」のなかに「学校衛生ノ補助機関＝学校衛生婦」という一節を設けて、その最後の言葉を、石原は次のように結んでいる。


「学校衛生ノ発達ノ為《ため》ニハ一定ノ養成講習ヲ行フノ必要アリト思フ、余《よ》ハ之《これ》ヲ学校衛生婦トシテ養成シ、吾《わ》ガ国情ニ適スル科目ヲ教授シ実習セシメ、又相当ノ手当ヲ受ケシムルヤウ、婦人ニ適当ナル一職務タラシメンコトヲ期ス、而《しか》シテ其《その》時期ノ到来ヲ鶴首《かくしゅ》シテ期待ス。」（二九七頁）

石原が期待を込めた「家庭と学校の間に立って児童の健康保護を執」る〝学校衛生婦〟は、早くも翌年（一九二一年四月）、東京市直営小学校に登場することになるのである。

コラム

「研究方法論ノート」④

日本学校衛生史における「石原喜久太郎」

これまで学校衛生史研究において、石原喜久太郎の業績は、わずかに『学校保健百年史』（一九七三年）が、一九一〇（明治四三）年一月に学校衛生取調嘱託に就いたこと（五四頁）、学校衛生取調嘱託として教員の肺結核死亡調査に取り組んだこと（一〇四頁）にふれている程度で、『石原学校衛生』の著者として紹介されるほかは、これまでほとんど光があてられてこなかったといってよい。

しかし、一九二〇年代に入ってからの学校衛生〝再興〟を思うとき、それを準備した〝冬の時代〟の〝中継ぎ投手〟の存在を、私はどうしても無視することはできなかった。

修士論文の「第二章　学校衛生〝再興〟への胎動と学校衛生理念の〝転換〟」の第二節として「石原喜久太郎『学校衛生革新』の方針と学校衛生理念の〝転換〟」を設けたのはそうした思いからであった。

そこでは、石原が欧州視察にでかける前後の講演や論文を主たる分析の対象として、石原の学校衛生革新〝構想〟を浮き彫りにすることを試みた。この作業をとおして、石原喜久太郎の業績を掘り起こし位置づけていくことによって、日本学校衛生史そのものを豊かに描くことができるのではないかと、そんな着想が私のなかに芽生えた。

だが、それから一〇年余り、石原の生没年はおろか、経歴についても不明なまま、〝宿題〟として積み残した状態にしてきた。本書の執筆をきっかけに、石原喜久太郎の人物像に迫りたいと思ったのは言うまでもない。

私は、担当編集者の「私が東京でできることは何でも言ってください」という言葉を思い出し、早速、協力を依頼。こうして、私と彼との〝史実を追う旅〟(吉村 昭)がはじまったのである。

石原喜久太郎の人物像に迫る

・○月○日 調べるポイント、資料の所在について電話で打ち合せ。報告は、ファックスで行ない、電話で次の方針を話し合うことを確認。

・○月○日 彼からの第一報が届く。「……今日は東京大学の医学部図書館へ石原喜久太郎の写真さがしと予備知識を仕入れに行ってきました。収穫ははかばかしくありません。……。また日をあらため、東大附属図書館へ足を運ぼうと思います」

・○月○日 第二報。「……ある公官庁が保管していた人事記録から、石原喜久太郎の履歴書を発見!……。東大附属図書館のほうは、ひとまず文献調査を依頼して、当時の紳士録をはじめ、数行の記述でも載っているものを片っ端から探してもらっているところです」

・○月○日 第三報。東大附属図書館から回答あり。①蔵書中に『石原学校衛生』はなかったが、法学部図書館に、石原喜久太郎編著として『衛生視察南米紀行』（一九三一年発行）あり。今回の文献調査では集合写真ながら唯一の肖像がわかる資料。②『紳士録』には、数行の記載のみ。『帝国大学出身者名鑑』に略歴や住所あり。『人事興信録』（一九二一年版）にほぼ引き写しにした記述があるほか、興信録らしく家族構成や娘の嫁ぎ先なども書かれている。……」

「石原喜久太郎の履歴書」は語る

「島根県平民　明治五年九月二五日　島根県出雲国松江市ニ於テ生ル」

数日後、夢にまで見た「石原喜久太郎の履歴書」の写しが速達で届けられた。

本章の書き出し、「一九一四（大正三）年一月七日、霧につつまれた横浜港に……」の日時の特定は履歴書の記載から、また、当日の天候等は、横浜地方気象台に担当編集者が問い合わせてくれた記録に基づいている。

〝史実を追う旅〟はまだまだ続く。

第五章

学校衛生の〝再興〟とその教育論的基盤

沢柳政太郎

(1865～1927)

●はじめに

〝冬の時代〟の学校衛生の〝中継ぎ投手〟として、石原喜久太郎（当時・東京帝国大学医科大学助教授）が「文部省学校衛生取調事務嘱託」を命じられたその前年（一九〇九年）、〝教育としての学校衛生〟の歴史にとって注目すべき一冊の教育学書が登場している。

その名は『実際的教育学』。著書は、沢柳政太郎《さわやなぎまさたろう》（一八六五～一九二七）。後年、大正自由教育とよばれる教育改造運動の〝研究のための実験の場〟として成城小学校を創設する人物である成城小学校といえば、三島通良（一八六六～一九二五）が、創設時から「顧問兼学校医」として同校の運営にたずさわったとされる学校である（北村和夫「沢柳政太郎における成城小学校創設の構想」、『沢柳政太郎全集・第四巻』国土社、一九七七年）。

かつて沢柳は、中央機関の縮小（一九〇六年一二月）を評して次のように述べたことがあった。

「日本政府が僅少なる経費の節約を行わんが為に、学校衛生課の独立を廃したるは実に遺憾に堪へない」（「我が国の教育」一九〇六年二月、『沢柳政太郎全集・第八巻』国土社、一九七六年、二五四頁、所収）

ところで、中央機関の縮小にみられる学校衛生〝不振〟の背景には、教育界における〝学校衛生の軽視〃という問題が存在していた。それはまた、当時の教育学が学校衛生を自らの枠組みのなかに十分位置づけてこなかったことの反映であったともいえる。学校衛生〃再興〃のためには、それを支える教育的基盤の形成が不可欠であった。そこに登場してくるのが、沢柳政太郎の『実際的教育学』である。

●沢柳政太郎と三島通良

沢柳と三島のつながりを調べていくと、一九〇〇年前後までさかのぼることができる。一八九八（明治三一）年十一月二四日、沢柳は文部省普通学務局長に就任している。〃一八九八年〃といえば、「学校医」の設置に関する勅令が発布された年である。この年から八年間、沢柳は、普通学務局長の地位にあって「小学校令」の改正（一九〇〇年八月）にあたることになる。

この改正に、沢柳のブレーンの一人として尽力したのが三島（当時・学校衛生顧問会議主事）である。沢柳「三五歳」、三島「三四歳」の夏のことであった。この改正によって、「小学校令」のなかには学校衛生に関する条項が数多く盛り込まれた。例えば、次のようなものがある。

①教授時間の軽減
②通学離程（距離・時間）の配慮
③夏季・冬季休業前後の授業時間軽減とそれにかかわる校長自由裁量化
④時間割編成上の配慮（授業開始時刻、休憩時間、食事時間）

⑤就学年齢の明記

すなわち、児童の健康保護と身体発育をはかる立場から〝負担の軽減〟に主眼を置いて「改正」が行なわれたのである。

ところで、学校衛生学の知見を教育活動にかかわる実際問題（身体の状態が教育上に及ぼす影響、学校の位置、校舎・教室の配置、休憩・休暇の面での身体発育上の考慮など）の解決にいかすという観点は、沢柳教育学の特徴であり、沢柳が「従来の教育学」を批判する際の強調点でもあった。「従来の教育学」への批判意識にたって著《あらわ》された『実際的教育学』（一九〇九年）のなかで、沢柳は、「空漠にして根拠を実際に置かない」研究態度に批判の矛先を向けて、およそ次のように述べている。

〈「従来の教育学」は「養護論」を論じる際もその殆《ほとん》どは、「生理衛生に於《お》いて論ずるが如《ごと》きこと」を繰り返しているにすぎないものである〉（『沢柳政太郎全集・第一巻』国土社、一九七五年、二二三頁より要約）

衛生上の心構えを説くことでよしとした「従来の教育学」に見られる学校衛生観を鋭く批判したのである。児童の健康・身体発育にかかわる「事実」に即して「学校の衛生を如何《いか》にすべきか」を研究することこそが重要であると、沢柳は考えていたのである。

〝学校衛生上の実際的研究〟を重視した沢柳が、三島の業績に注目しないわけはない。学校衛生の現状や課題について沢柳が言及するとき、そこには必ずといってよいほど「三島通良」や「学校衛生顧問会議」が登場する。そのいくつかを紹介しておこう。

「〔学齢問題について〕学校衛生顧問ノ答ハ矢張《やはり》此《この》学齢ノ初メトイフモノヲ満六歳ヨリトシテ少シモ差支《さしつ（ママ）》カナイ、（中略）衛生顧問会議ハ満六歳ヲ学齢ノ初メニスルコトニ就《つい》テ一人ノ異議ノナカツタコトデアリマス」（「改正小学校令ニ対スル批評ヲ論ズ」一九〇〇年、『沢柳政太郎全集・第三巻』国土社、一九七八年、五七頁）

「〔標準発育を決定するにあたっては〕今日まで三島博士の研究したものはあるけれども、尚《な》ほ一層これらに就《つい》て学校衛生学に従事する者の研究を待つと共に、教育学に於《お》いては、或《あるい》はこれらの研究の結果を假《か》り来《きた》り、若《もし》くは教育上よりして此《この》標準を研究することが必要であらうと思ふ」（『実際的教育学』一九〇九年、『沢柳政太郎全集・第一巻』国土社、一九七五年、二三五頁）

沢柳の学校衛生への関心が並み並みならぬものであったことがわかる。学校衛生制度への評価も高い。一九〇六（明治三九）年二月のロンドン大学での講演草稿「我が国の教育」のなかで、沢柳は、学校衛生のことを、「最も学理的に実行されて居る」（『沢柳政太郎全集・第八巻』国土社、一九七六年、二四〇頁）例のひとつとして挙げるとともに、「学校衛生の方法に至《いた》つては想《おも》ふに日本は最も進歩した制度を採《と》つて居《い》るであらうと思ふ」（前掲書、二五一頁）として、学校医による学校視察制度を紹介したほどであった。

冒頭で紹介したように、沢柳が学校衛生課の縮小を嘆いたのもうなずけよう。いったい、学校衛生の教育的意義を沢柳はどのように考えていたのだろう。

●学校衛生の教育的意義

まず、教育学と学校衛生との関係を、沢柳がどのようにとらえていたかをみておきたい。

「教育学に於ては、学校衛生学を説く必要はないけれども、体育の目的を達する為《ため》には、学校衛生に於て論究し得た所のことを参考し、その実行すべきものは、これを取《と》つて論述することは、固《もと》より必要なることである」（『実際的教育学』一九〇九年、『沢柳政太郎全集・第一巻』国土社、一九七五年、二四〇頁）

「体育の目的を達する為」学校衛生学の成果を大いに採りいれよ、というのである。「体育の目的」とは、いったい何か。

この点について、沢柳の考えが最も明確に示されていると思われるのが、論文「教育上に於《お》ける体育の地位」（『帝国教育』四一七号、一九一七・四・一）である。このなかで沢柳は次のように述べている。

「学校に於《お》ける体育の要点は第一に消極的でなければならぬ」（『沢柳政太郎全集・第四巻』国土社、一九七九年、九三頁）

「今日の言葉で学校衛生と称する部分は、実は体育の主要部分をなすべきものであると思ふ」（九四頁）

こうした基本的見解を表明したうえで、次のような具体例を挙げる。

「若《も》し又学科課程が過重にして、之《これ》を学習する為に、児童生徒が教授時間外に於《おい》ても、十分に自然の欲求や生理的の必要によつて活動する事が出来なかつたならば、身体の発育に恐るべき障害を与ふる故《ゆえ》に、学校体育としては、是等《これら》の障害を除去する事に極力力を尽くさなければならぬ」（九四頁）

すなわち沢柳は、体育の主要な目的を《身体の自然の発育を阻害するものを除去すること》と考えていたのである。こうした見地から、沢柳は、「一途《いちず》に運動や遊戯を盛んにすることを考へる」体育論につい「甚《はなは》だ遺憾とする所である」（九四〜九五頁）として次のように言う。

「今日の体育論が積極的方面に努力するが如《ごと》くあるのは、喜ばしい事のやうに聞えるけれども、自分は大体に於《おい》て其《その》措置は当《とう》を得て居《お》らないものであると思ふ。体育上に於《おい》ては寧《むし》ろ消極的の方面に注意する必要が極《きわ》めて大切であると思ふ」(九四頁)

では、沢柳自身は、自らの教育学構想のなかで〝体育論〟をどう位置づけていたのだろう。

●沢柳教育学における〝体育論〟の特徴

『実際的教育学』(一九〇九年)において沢柳は、全体を四篇二二章に分け、「第一篇　概論」「第二篇　知識技能の教育」「第三篇　徳性の教育」につづけて、「第四篇　身体の発育」をあてている。目次構成は以下の通りである。

第四篇　身体の教育
第二〇章　体育概論
第一節　養護論
第二節　体育の目的の具体的決定
第二一章　体育の直接方法
第一節　体操

第二節　遊戯及びその他の運動
第二三章　体育の間接方法
第一節　生理衛生の知識
第二節　学校衛生
第三節　体格の検査
第四節　学科の軽重
第五節　寄宿舎の生活

「体育の間接方法」が重視されていることがわかる。「消極的の方面」への沢柳の関心が、彼の教育学構想のなかにはっきりした形で位置づけられているのである。なかでも、「生理衛生の知識」の教授を第一番目に挙げていることに注目したい。沢柳は、その意義を次のように説く。

「生理衛生の知識を与へることは、学校の体育を将来に亘《わた》つて有効ならしむ為《ため》に必要である。(中略) 直ちに実行されなくても、将来には極めて、必要なることである」(『沢柳政太郎全集・第一巻』国土社、一九七五年、二三八頁)

すなわち沢柳は、やがて成人する児童・生徒に対して「生理衛生の知識」を教授しておくことが、将来的にみて衛生思想を確固たるものにすることになると考えていたのである。

ここで想起されるのは、三島の学校衛生論である。国家医学会での講演「学校児童ノ衛生」（『国家医学会雑誌』第七六号、一八九三・八・一五）のなかで、三島は衛生知識の普及という観点からみた学校衛生の意義について、およそ次のように述べていたのである。

①国民に衛生を実行させるのに、法規や規則をいくら作っても無駄である。「人民ニ衛生ノ知識ヲ与フル」事が最善の方法である。
②衛生の知識を普及しようとするなら、「学校ヲ措《おい》テ決シテ之《これ》ヲ他ニ求ムベキモノアラザルナリ」
③学校で「生徒ヲシテ実際ニ就《つい》テ衛生清潔法ヲ学バシメ」るならば、十余年後には「日本全国ノ人民ハ一人ダモ各自衛生法ヲ知ラザルモノナキニ到ラン」と考えるからである。

こうした三島の主張が、沢柳の教育学のなかに引き継がれていることがわかる。そして、この「生理衛生の知識」の教授という考えは、後に沢柳が創設（一九一七年）する成城小学校における学科課程改正案のなかに、「尋四年以後の遊戯体操には生理衛生に関する教授をもなすこと」（佐藤武「小学校に於《お》ける学科課程の改正を論ず」、『教育問題研究』第四号、一九二〇年七月、所収）として具体化されていく。三島が「顧問兼学校医」として起用された成城小学校のカリキュラムのなかに、である。

〝冬の時代〟にあって、学校衛生を教育の不可欠な構成部分として位置づけようとした沢柳の教育学構想は、こうして成城小学校での「生理衛生知識の教授」、「顧問」への三島の起用と「専任学校医」の設置というかたちで結実していくことになる。

●おわりに――〝折り返し点〟でのまとめ

これまで、一九二〇年代初頭に「一校一名専任駐在制」学校看護婦が出現するまでの足跡を、様々な角度からたどってきた。

プロローグでは、《トラホーム洗顔を主任務とする学校看護婦》とは明らかに異なる学校看護婦像を提起した、山口　正の「学校看護婦」構想を紹介するとともに、その構想が、一九一六（大正五）年に開催された大都市連合教育会で、「都市・地方を問わず、一校に一名の専任学校看護婦を設置する」という趣旨の「大阪提案」として提出されていくプロセスについて述べた。

つづく第一章では、「大阪提案」をめぐっての議論を紹介し、採用にともなう経済的負担の大きさを主要な論拠とした反対意見はあったものの、結局は可決され、それを受けて「一校一名」の学校看護婦を「学校長の指揮下」に「常勤職員」という形で置くという実施形態が「東京報告」としてまとめられていったことを明らかにした。

そして、第二章では時代をさかのぼり、生成期学校衛生の要であった「学校医」制度をめぐる議論を概観した。すなわち、①「一校一名専任駐在制」学校看護婦に連なる「学校医」を補助する〝常勤の助手〟」構想（「助手」の資格を「学校教員中の適任者」とし、〝教育職〟を想定）が、すでに「学校医」制度発足当初から提示されていたこと、②しかし、「常勤の助手」構想は、「学校医」の設置もままならない状況のなかでは〝歴史的早産〟とならざるを得なかったこと、③そうしたなかで突然おこったトラホーム大流行は、緊急避難的措置として非常勤・巡回制の「学校内治療」看護婦を生み出すことになったこと、などを述べた。

わが国の非常勤・巡回制「学校内治療」看護婦のルーツとされる岐阜県の学校看護婦事業に焦点をあてて検討した第三章では、①「一校一名専任駐在制」学校看護婦の全校配置は、それまで中央主導ですすめられてきた学校衛生を地方の実情に立って問い直し、〝あるべき学校衛生の姿〟を模索するなかで結実した、ひとつの到達点であったということ、②その背景には、学校看護婦の献身的な仕事ぶりとともに、それを強力にバックアップする体制が存在していたことを確認した。

第四章では〝冬の時代〟にあって学校衛生〝再興〟を願い、ドイツの学校衛生に学びつつ、「学校医」を中心とする〝新しい学校衛生〟の実践像を提示しようとした石原喜久太郎の〝学校衛生革新論〟を検討した。そして、そのなかで、①とくに家庭と学校の間に立って児童の健康保護のための活動を行なう職種として、〝「学校衛生ノ補助機関」としての学校看護婦〟が構想されていたこと、②しかし、石原の学校看護婦構想が、ほぼ同時期に山口　正によって提起された《学校に看護婦を常置し、児童全体を対象とした健康養護にあたらせる》ことを目的とした学校看護婦像とは明らかに異なるものであったこと、を述べた。

そして、学校衛生の教育論的基盤の形成という観点から、沢柳政太郎の教育学構想とその実験的実践に着目し、①少なくとも一九一〇年代の半ばには、学校衛生を教育の内実のひとつとして位置づけようとする気風が生まれていたこと、②言い換えれば、教育学的認識の問題として、学校衛生の担い手である学校看護婦を〝教育職〟の一員として受け入れる土壌が形成されつつあったこと、を確認するのが本章（第五章）のテーマであった。

とはいえ、教職員、児童、家庭・地域の一人ひとりに、学校看護婦を〝教育職〟の一員として受けとめてもらうのは容易ではない。つまるところ一人ひとりの学校看護婦の仕事ぶりにかかっていくのである。

次章からは、様々な無理解や偏見を乗り越えて活躍する学校看護婦群像の登場となる。先達《せんだつ》の苦悩、諸実践から大いに学んでいくことにしたい。

コラム

「研究方法論ノート」⑤

学校衛生の再興と石原喜久太郎

〝冬の時代〟の〝中継ぎ投手〟。日本学校衛生史における石原の役割を、私はこのように表現した（「コラム④」）。

「文部省学校衛生取調事務嘱託」への就任（一九〇三年一月）、欧州での学校衛生視察（一九一一年三月～一九一四年一月）、「第一回学校衛生講習会」の開催（一九一四年一一月）、〝学校衛生革新論〟の展開（一九一五年～一九一六年）。こうした石原の的確な〝読み〟と、ここぞというときにはグイグイと押す大胆な〝投球術〟によって、学校衛生は劣勢を見事にはねかえし、再興の機運は高まっていく。

そして、文部省学校衛生官の設置（一九一六年）を足がかりにして、中央機関の復活（文部省学校衛生課の設置、一九二一年）は遂げられる。

ところが、それを境にして、石原は〝マウンド〟を降りる。〝再生〟学校衛生のリリーフエースに起用されたのは北　豊吉（一八七五～一九四〇）であって、石原ではなかった。〝中継ぎ投手〟と呼んだゆえんである。

「履歴書」にみる学校衛生分野での足跡

石原が「学校衛生事務ヲ嘱託」（一九〇三年一月一八日）されて以降の、学校衛生分野での足跡を「履歴書」から抜粋してみよう。

・一九一〇（明治四三）年　八月三〇日　ドレスデン万国衛生博覧会文部省当局準備委員ヲ嘱託ス（文部省）

・一九一一（明治四四）年一一年三〇日　学校衛生学及黴菌《ばいきん》学研究ノ為メ満二箇年間墺《オーストリア》国及独《ドイツ》国へ留学ヲ命ス（文部省）

・一九一四（大正　三）年　一月　七日　帰朝

　三月二八日　第一八回視学講習会講師ヲ嘱託ス（文部省）

　一〇月一七日　学校衛生講習会講師ヲ嘱託ス（文部省）

　一一月　五日　兼任伝染病研究所技師（内閣）

・一九一五（大正　四）年一〇月一六日　学校衛生講習会講師兼主事ヲ嘱託ス（文部省）

　一一月　五日　小学校中学校及高等女学校ノ学校衛生ニ関スル調査委員ヲ命ス（文部省）

・一九一六（大正　五）年一〇月一六日　第三回学校衛生講習会講師ヲ嘱託ス（文部省）

一〇月二三日　第三回学校衛生講習会主事ヲ嘱託ス　（文部省）
一二月　九日　小学校中学校及高等女学校ノ学校衛生ニ関スル調査委員ヲ免ス　（文部省）

「履歴書」には、その後も「学校衛生講習会（第四回〜六回）」の主事兼講師を嘱託されたとする記述がみられる。ところが、……。

学校衛生との〝断絶〟。その後、……。

・一九一九（大正八）年一一月　六日　免本官専任伝染病研究所技師　（内閣）
一二月　八日　兼任東京帝国大学教授医学部勤務ヲ命ス衛生学第二講座分担ヲ命ス　（文部省）
・一九二〇（大正九）年　七月　一日　衛生学第二講座分担ヲ免ス細菌学研究ニ従事スヘシ　（文部省）

これ以降、学校衛生に関する記載を「履歴書」のなかに見つけることはできない。石原と学校衛生とのかかわりは、「細菌学研究ニ従事スヘシ」とする異例の辞令交付を境にして絶たれているのである。

大著『石原学校衛生』が、この年（一九二〇年）に上梓《じょうし》されていたことに注目したい。研究室で深夜まで原稿用紙にペンを走らせながら、「家庭と学校の間に立って児童の健康保護を執《と》」る〝学校衛生婦〟の出現を待望した石原。それは、〝学校衛生革新論〟を唱えた彼の〝遺言〟とも言うべきものであった。

石原はその後、一九二三（大正十二）年一〇月から一九二九（昭和四）年一二月までの六年余、「恩給法第三八条ニ該当ノ不健康業務ニ従業」している。

ところで、「不健康業務」の「細菌学研究」とは何か？　石原への興味は尽きない。

第六章

日本赤十字社の学校看護婦派遣事業

倉島（鈴木）くらじ

●はじめに

新しい理念に基づいた学校衛生の担い手として学校看護婦の存在がにわかにクローズアップされ、様々な学校看護婦構想が提出されるなかで、文部省当局としても、何らかのモデルを提示する必要に迫られていた。

そうしたなかで、日本赤十字社が学校への看護婦派遣事業をスタートさせる。国民健康の増進をはかる上で児童養護を重視する日本赤十字社が学校に注目したのは当然のことといえよう。

本章では、学校看護婦の歴史にとって日本赤十字社の学校看護婦派遣事業が果たした役割を、長野県での事例を通して考えていく。

赤十字看護婦としての誇りと力量をたずさえて学校教育現場に登場した学校看護婦が、どんな困難に直面し、そしてそれらをどう乗り越えていったのか。こうした先達の声に耳を傾けてみることにしよう。

●日本赤十字社と学校看護婦派遣事業

日本赤十字社の機関誌『博愛』（第四七一号、一九二六・八・一〇）は、「本社支部平時事業」として、長野県で学校看護婦派遣事業が開始されたことを伝える記事を掲載している。

「長野支部に於《おい》ては六月二三日学校看護婦一名を任用し、松本女子師範学校附属小学校及松本市源池部小学校へ、又七月一日に更に一名を任用し上高井郡須坂小学校へ夫々《それぞれ》派遣することにせり」（四〇頁）

日本赤十字社の学校看護婦派遣事業は、まず一九二三（大正十二）年に東京、千葉、大阪の三支部で、山梨、福島、岡山、満州（以上、一九二四年より）、兵庫、栃木、滋賀、山形、島根、山口（以上、一九二五年より）、そして長野、宮崎（一九二六年より）と着々と広がっていく。

ところで、学校看護婦派遣事業に日本赤十字社が積極的に乗り出す、その主要な要因が、第一次世界大戦後の世界的な看護理念の転換（「治療から予防へ」「救護から衛生へ」「病床看護から公衆衛生看護へ」）にあったことはよく知られている。しかし、学校看護婦の受け入れ側である学校衛生理念の転換がその背景にあったことも見落とすわけにはいかない。すなわち、教育現場では「個人的な方面」に力点を置き「継続的衛生監督」を重視する新しい学校衛生の担い手として、「一校一名専任駐在制」学校看護婦を求めていたのである。この点にかかわって、『日本赤十字社史稿　第四巻』（一九五七年八月）は次のように述べている。

「どの学校にも学校医があって、学校衛生上の責任の地位にあるが、学校医の多くは他に職業があって一校の衛生勤務に専念し得ないのが現状である。学校長、職員は教育の責任上、学校衛生の上に常に細心の注意を払い、その改善に当たっていることはいうまでもないが、校長、職員もまた他にしなければならない重要な職業をもっているので学校衛生だけに専念することは許されない。そこで学校長の命をきき校医を補助して学校衛生に専念し、その実務に当たるものが必要である。これが学校看護婦の配属を要望する声の起こる原因である」（三四七～三四八頁）

また、日本赤十字社が、新しい看護理念に基づく「平時事業」の一環として、少年赤十字団（学校教育の実践機関として学校内に設けられ、学童生徒を団員とし、愛と奉仕の指導精神を体して心身の健康を第一目標とする団体）の結成に着手したことも、日本赤十字社が学校看護婦派遣事業を推進する重大な契機となっていく。学校衛生援助事業開始にあたって各支部に届けられた通達（救第五一六号、一九二二年五月二三日付）は、そのあたりの事情を次のように述べている。

「今回少年赤十字の施行に着手し学校と親密な関係を結ぼうとするにはその事業の一として在学児童の健康と保健を保護増進することに留意し、学校衛生の援助をするを適当であると信ず。

学校衛生援助の方法の一として看護婦を派出して学校医を補助し、保健衛生に関する学校の設備、児童健康の視察、身体検査の助手、衣装の清潔、疾患の予防について注意を与へ、不慮

の傷病者の応急救護、欠席、疾患児童の家庭訪問等のことに従わせることにある」（前掲書、三四八頁）

これを受けて、ただちに文部省学校衛生課長・北《きた》豊吉《とよきち》（一九二三年から一九二八年まで日本赤十字社顧問）が、日本赤十字社に対して〝エールの交換〟を行なっていることに注目したい。『博愛』（第四二三号、一九二二・七）に掲載された「少年赤十字と学校衛生」と題する一文がそれである。北は、「日本赤十字社が、少年赤十字の組織に着手されたのは最も機宜《きぎ》な最も有意義なことと思はれる」（七頁）として、次のように述べている。

「将来少年赤十字の発達と共に学校衛生と固き握手のもとに進行して行くことを切望してやまないのである。幸に各府県には該事業に専務の学校衛生主事も設置されているし、学校医、学校教員も此方《この》面に向かって進みつつあるのであるから、地方に於《お》ける少年赤十字事業は此等《これら》の人々と充分連絡を保って、進まれたいと思ふ」（一〇頁）

こうして、一九二二（大正十一）年六月、学校看護婦派遣事業が開始されることになったのである。

●長野県学校看護婦の〝草分け〟――倉島くらじ

冒頭の記事に戻ろう。このとき、日本赤十字社長野支部から、松本女子師範学校附属小学校及松本市源池部小学校に「倉島《くらしま》くらじ」（その後、結婚して「鈴木《すずき》くらじ」）が、上高井郡須坂小学校には「熊井《くまい》ふずえ」（その後、結婚して「中谷《なかたに》 栄《さかえ》」）が派遣されている。

倉島は、一九〇四（明治三七）年一〇月一一日、長野県小県郡丸子町で生まれた。一九二四（大正一三）年三月に長野赤十字看護養成所を卒業、長野赤十字病院に看護婦として二年あまり勤務した後、一九二六（大正十五）年六月二二日付で「松本女子師範学校附属小学校及松本市源池部小学校・学校看護婦」として任用されている。

任用にまつわる、こんなエピソードが残っている。ある日、日本赤十字社長野支部参事から「婦長候補生の道をとるか、学校看護婦の道をとるか、どちらかを選びなさい」と迫られた倉島は、即座にこう答えたというのだ。「婦長はイヤだから学校看護婦にします」と。

といっても、何の心構えもないまま学校に派遣されたわけではない。任用の約四カ月前、二月二六日から七日間にわたって東京女子高等師範学校で開催された「第三回学校看護婦講習会」(注1)に参加している。倉島が、全国から集まった向学心に燃える百名の講習生と一緒に机をならべて受講した講義は次のようなものであった。

（一）学校衛生の大要（二時間）　文部省学校衛生課長医学博士　北　豊吉
（二）学校教育の大要（二時間）　文部省督学官　森岡常蔵
（三）体育運動及び其の看護（四時間）　体育研究所技師　吉田章信
（四）身体検査及救急処置（四時間）　同　大西永次郎
（五）学校看護婦の執務（六時間）　文部省学校衛生官　岩原　拓
（六）学校に於《お》いて特に注意す可《べ》き疾病異常（一〇時間）
①耳鼻咽喉科　東京帝国大学医学博士　増田胤次
②眼科　同　石原　忍
③小児科　同　栗山重信
④精神科　同　杉田直樹
（文部大臣官房学校衛生課「学校看護婦に関する調査」、『学校衛生』第六巻一二号、二八～二九頁、一九二六年一二月　所収）

（注1）杉浦守邦氏によれば、大正から昭和にかけての看護婦を対象とする再教育は、文部省の行なったこの講習会が唯一のものであり、看護婦を管轄する内務省でもこうした講習会は開催されていない、という。

また、受講生百名中、現に学校看護婦であるものは僅かに二七名であり、〝予備群〟たる一般看護婦のほうが圧倒的多数を占めていた。将来学校看護婦になることを希望するものなら、誰でも差し支えないとして文部省が受け付けたことによるものであり、倉島がそうであったように、日本赤十字社の各支部は派遣候補である優秀な看護婦を選んで積極的にこの講習会に参加させた、という（杉浦守邦「養護訓導前史（一八）」、『健康教室』第二六五集、一九七二年一二月号、三七頁）。

「あなたは単なる看護婦として行くのではない。学校衛生の開拓のため、世間に学校看護婦の必要性を認めさせるために行くのです」――松本に出発する日、参事が贈ってくれた〝はなむけの言葉〟を胸に、倉島は未知の任用地に赴く。

給与（月額五〇円）の出所は、日本赤十字社長野支部であったが、仕事の遂行にあたっては教職員に準ずる扱いを受けることになっていた。しかし、学校にとっても初めての経験である。どのように処遇してよいものか、すべて手探りの状態からのスタートであった。

結局、衛生に関する仕事はすべて倉島が担うことになる。女子師範の寄宿舎での生徒の健康相談、救急処置、附属小学校（月、水、金曜日）と源池部小学校（火、木、土曜日）での勤務、そして夏休みは三〇日間におよぶ林間学校（注2）での虚弱児（三〇～四〇名が参加）の保健のための活動というように、からだを休める時間もないほど多忙な日々が続いた。

（注2） 夏季の炎暑、空気の不潔な環境から、とくに虚弱児の保健を目的として、一九一九（大正八）年より源池部長・小岩井君人（当初は同校訓導）の指導のもとに、毎年、夏季およそ三〇日間にわたり、日本赤十字社長野支部の協力を得て、松本市内にある埋橋の森でおこなわれた。（『松本市教育百年史』四九四〜四九七頁、一九七八年）

唯一の依りどころは、倉島が参加した「第三回学校看護婦講習会」のテキスト『学校看護婦執務指針』（文部省学校衛生課、一九二四年二月）であったが、その冒頭には「学校看護婦は学校内においては、概《おおむ》ね学校医執務の補助者として働くものを以《も》って、其《その》執務の範囲も亦《また》学校医の夫《そ》れ以外に出《い》ずること少なし」とあり、日本赤十字社を主席で卒業し、かつ現場経験もある倉島にとって、「指針」は実情から大きくかけはなれたものと映ったにちがいない。「学校看護婦がいかに必要かを認めさせるために、赤十字から派遣されているんだからね。つまらないことに遠慮していられない。予算だって、必要と思ったら私の意見を通してもらうように働きかけた」という。

一年後、倉島は学校看護婦としての経験を買われて県の学務課に招聘《しょうへい》されることになる。「未《いま》だ市町村がそれほどに看護婦の必要を感じていないのと、又予算の関係等で設置せんとするものは極めて少」（『信濃毎日新聞』一九二六年六月二五日付、ルビは省略）ないことから、「県当局は到底専属で看護婦の設置は困難なるを以《も》って、小学校女教師に対し、看護婦の素養を習得せしめ、以って学校衛生施設の徹底を期すこと」（同上、ルビは省略）になり、倉島は県下各地をまわり、講習会を開催して女教師の指導にあたるのである。これとともに、学校看護婦の必要性について県当局に訴え続けた、という。

●「熊井ふずえ」と「久保田ゆう」

倉島より一〇日遅れて、上高井郡須坂小学校の学校看護婦に任用された、「熊井ふずえ」の消息についてふれておきたい。

当時、須坂小学校校長を務めていたのは山口菊十郎《やまぐちきくじゅうろう》（一八七五～一九五三）である。彼は、保健衛生に関心が深く、「児童の健康増進の観点から、関係者の理解と須坂病院長大峡荒治《おおばあらじ》校医等の協力を得て、菅平高原に児童の夏季保養所を創設して〝広胖山房〟と名づけ、年々夏季に要保護児童の健康と修養の場とした」（須坂人物誌編集委員会編『須坂人物誌』一九六六年、三五一頁）とされる人物である。日本赤十字社長野支部では、「平時事業」の一環として看護婦を派遣するなど当初からこの催しに協力していた。こうした事情から、県下の小学校に先んじて、須坂小学校では学校看護婦「設置の希望」（『信濃毎日新聞』一九二六年六月二五日付）を県当局に提出していたのであった。

熊井は倉島より二年早く長野赤十字看護養成所を卒業している。それだけ看護婦としての実務経験も豊富であり、将来の婦長候補として目されていたほどであった。文部省の講習会にも倉島とともに参加している。須坂小学校からは大きな期待をもって迎え入れられたにちがいない。

熊井が任用されたのは、一九二六年（大正十五）年七月一日。彼女の初仕事は菅平高原での林間学校であった。朝の検温から始まって夜寝かせるまで、子どもたちから目を離すことのできない毎日。まさに救護看護婦としての本領発揮というところだが、新しい学校衛生理念に基づく学校看護婦の〝草分け〟であるべき自らの任務に忠実であろうとすればするほど、矛盾を感じないわけにはいかない。

また、林間学校から帰れば、須坂小学校は県下三番目の大規模校で、しかも製糸の町であるため、いよいよ腰をすえて仕事に取り組もうとしても、結局のところトラホーム洗眼に明け暮れるという日々が続くのだった。

須坂にやってきた頃の、あの理想に燃えた気持ちはしだいに衰え、失望の色が日増しに濃くなっていく。そして遂には、身も心も疲れはて、「学校へは、孫子の代まで二度と足を踏み入れさせたくない。学校看護婦はもうごめんだ」という言葉を残して、熊井は任用後わずか二年で須坂小学校を去っていくことになるのである。

同じ頃、もう一人、日本赤十字社長野支部から上伊那郡赤穂村立赤穂小学校に学校看護婦が派遣されている。「久保田《くぼた》ゆう」である。

一九〇三（明治三六）年十一月二八日、下伊那郡高森町で生まれた久保田は、長野赤十字看護婦養成所を経て長野赤十字病院に看護婦として勤務したのち、郷里が赤穂村に近いということもあって支部から推薦され、一九二八（昭和三）年から学校看護婦として迎え入れられている。

当時の赤穂小学校長・林八十司《はやしやそじ》（一八七七～一九四九）は、歯科治療台（二台）を医務室に設置し、歯科専門の校医を学校に招いて歯科治療に取り組んだことで有名な人物である。

こうした校長のいる学校であったから、久保田の仕事の主要な部分を歯科衛生が占めたことはいうまでもない。なにしろ、県下二番目の大規模校の子どもたちを対象に歯科治療をするのだから大変である。歯科校医は一日おきに午後になると来校するため、その日の午前中は歯科治療の準備、午後は子どもたちを教室まで呼びに行くという毎日であったという。学校としては格好の〝歯科治療助手〟の登場、といったところだったのだろう。

派遣されてきた当初のことをふりかえって、久保田は次のように語っている。

「なかなかやり手の校長なんだけど、学校看護婦の私をどう待遇していいか分からなくて困っていた。先生に準ずるということで『先生』と呼ばれてましたが何と言ったって資格が先生と違うでしょう。昔は考えてみれば哀れなもんだったね。資格がないと言ったって、赤十字出てれば甲種看護婦として、どこにでも出られるわけだけど、最初のうちは遠慮ばかりしておって、思うように仕事もできなかった」（長野県教職員組合養護教員部・編『礎』一九八四年、九五頁）

久保田もまた、倉島や熊井と同様に、文部省の学校看護婦講習会に参加し、意欲に燃えて学校教育現場に足を踏み入れた一人である。しかし、甲種看護婦の誇りと力量をもってしてもなお、教育職員としての資格がないことが、学校衛生の仕事をすすめていくうえでの心理的な障害になっていた、というのである。

●おわりに

日本赤十字社長野支部から派遣された三人の学校看護婦――倉島くらじ、熊井ふずえ、久保田ゆう――について、派遣までの経緯とその後についてみてきた。

県に入って、指導的立場で学校看護婦の普及に務めた倉島。失意のあと、「孫子の代まで学校はイヤ」という言葉を残して学校看護婦を辞した熊井。自らの体験を通して職制を確立していくことの必要性を痛感していく久保田。

三人の先達《せんだつ》が私たちに語りかけようとしたのものは何か。また、こうした〃声なき声〃が、このあと起こってくる職制運動にどのようにつながっていくのか。次章で言及してみたい。

コラム

「研究方法論ノート」⑥

『礎《いしずえ》――長野県養護教諭のあゆみ』監修の頃

「八〇年代という『現代』を養護教諭として精一杯生きている人たちによってまとめられたこの手作りの〝歴史教科書〟が、子どもの健やかな成長と平和を求める多くの養護教諭によって読み継がれていくことをねがうとともに、そうした学習運動のなかから、次代のたくましい担い手が育ってくることを期待しています」(二二頁)――一九八四(昭和五九)年六月、長野県教職員組合養護教員部(当時・坂口せつ子部長)が四年間かけてまとめあげた〝地域養護教諭史〟(『礎――長野県養護教諭のあゆみ』)の刊行にあたって、私は〝監修者から読者へのメッセージ〟をこのように結んだ。

この『礎』編纂《へんさん》にかかわった期間は、私が修士論文(「学校看護婦の成立に関する研究」)を提出し、博士課程に進学・在学した時期とほぼ一致する。進学の際に大学に提出した「研究計画書」の筆頭に、私はためらうことなく「〝長野県養護教諭のあゆみ〟の編纂」をあげた。指導教員である山住正己先生が、「大事な仕事だからしっかりやりなさい」と言って励ましてくださったこともあって、「後にはもう引けない」という気持ちでの出発となった。一九八一年、春のことである。

『礎』編纂と研究者の役割

この間、私が考えつづけていたのは、〈研究者が、養護教諭との〝共同の歴史研究〟の場で果たすべき役割は何か〉ということであった。気負って先走ったり、はかどらない作業にいらだちそうになるといつも、石母田正（歴史学者）の次の言葉を思い起こしては自分を戒めた。

「演壇から歴史学者が民衆について講義することは大切な仕事であるが、それは民衆自身が自らの歴史について考え、かつ書くことをたすけるためである」（『歴史と民族の発見』一九五四年）

〝共同の歴史研究〟から、私は多くのことを学んだ。①歴史の見方や認識を一致させていく過程では、研究者は意見の調整役にとどまることなく、むしろ高い専門性のうえに立った自己の見解を主張することを通して、議論をリードしていくことが求められる。②しかし、執筆段階においては、助言はあくまで養護教諭自身の力で書き切らせていくという観点に立って、そうした努力を励ます方向で行なわれる必要がある。

『礎』の方法論的特徴――聞き取り、学校史、『衛生日誌』

監修者としての〝所信表明〟ともいうべき講演（「養護教諭の歴史と『あゆみ』編集の意義」一九

八二年六月）のなかで、私は〝養護教諭史研究の視点〟にかかわって次のように述べた。

「制度上の変遷をたどることでよしとするのでなく、先達が子どもの健康・発達の現実にたいしてどのような〝おもい〟を抱き、どのような〝願い〟をもって働きかけていったのか、という点に光をあてて見ていくことこそが重要。とりわけ、学校看護婦時代の先達たちのあゆみの一つひとつの事実が語りかけているものに耳を傾け、戦前の遺産・教訓がどのように戦後に継承されていったのかを実践・運動の足どりのなかで確かめていくことが求められている」

職員録からの名前の拾い出し、消息が判明した先輩については訪問をして聞き取り、学校史や新聞・雑誌からの学校衛生関係記事の抜き書き、沿革史や衛生日誌といった一次史料の発掘など、七名の編集委員をはじめ全県の支部常任委員は、私のそうした厳しい注文と期待に見事にこたえ「第一部長野県における学校看護婦の誕生」（二五～一五〇頁）を書き上げたのであった。

〝私のルーツを探る旅〟へ出発しよう！

あれから二〇年が経過した。聞き取りにご協力いただいた先輩たちのなかには亡くなられた方もいるとうかがっている。「あのときお話をうかがっておいてよかった」と改めてそう思う。

全国各地には、貴重な証言をまだ聞き取らせていただいていない先輩がたくさんいるにちがいない。

長野における〝地域養護教諭史〟編纂事業に学んで、いまを生きる養護教諭一人ひとりが、まず現在の勤務校の沿革史や職員録を手がかりに、先輩たちの足跡を拾い出すことから始められることをすすめたい。〝私のルーツを探る旅〟へ……。

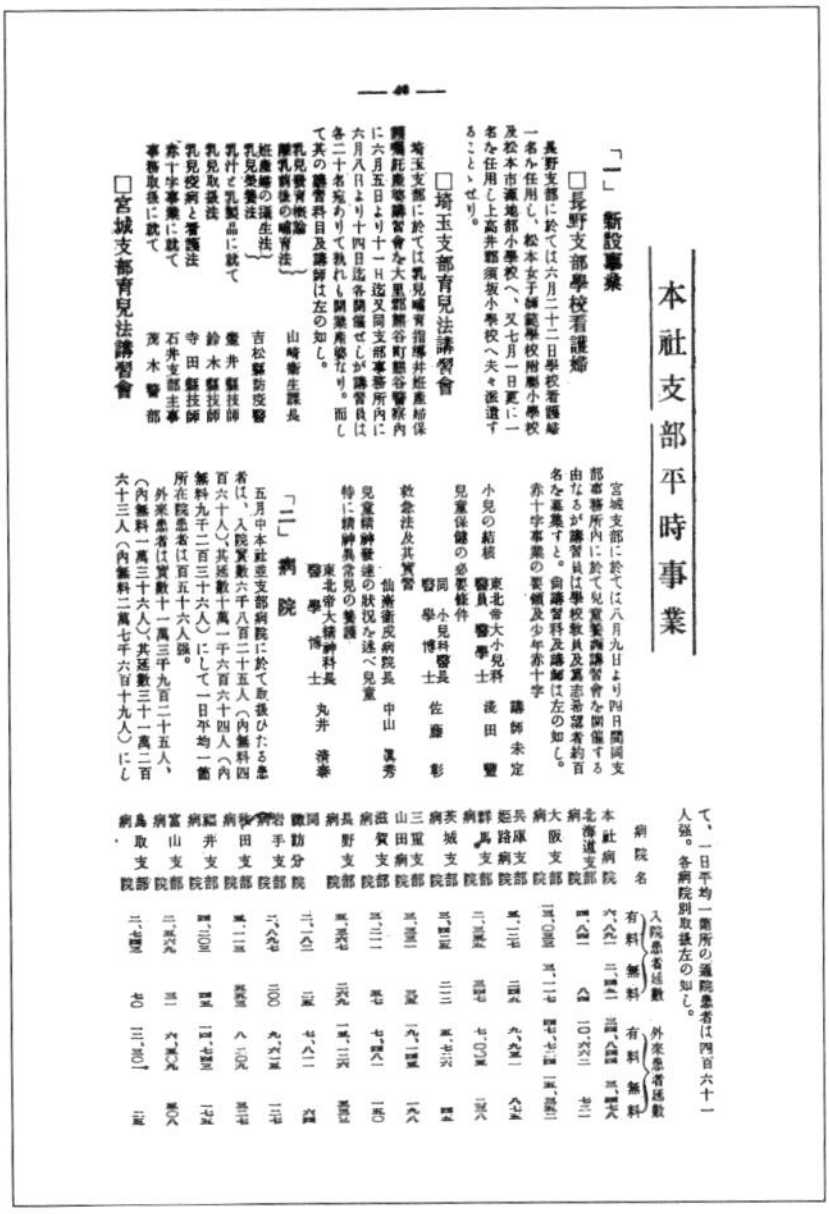

本社支部平時事業

「一」 新設事業

□長野支部學校看護婦

長野支部に於ては六月二十二日學校看護婦一名を任用し、松本女子師範學校附屬小學校及松本市源地部小學校へ、又七月一日更に一名を任用し上高井郡須坂小學校へ夫々派遣することゝせり。

□埼玉支部育兒法講習會

埼玉支部に於ては乳兒哺育指導并姙產婦保護託兒事業講習會を大里郡熊谷町熊谷警察署内に六月五日より十一日迄又同支部事務所内に六月八日より十四日迄各開催せしが講習員は各二十名宛ありて孰れも開業產婆なり。而して其の講習科目及講師は左の如し。

乳兒發育概論
離乳前後の哺育法　山崎衛生課長
姙產婦の攝生法
乳兒榮養法　吉松縣防疫醫
乳汁と乳製品に就て　臺井縣技師
乳兒取扱法　鈴木縣技師
乳兒疾病と看護法　寺田縣技師
赤十字事業に就て　石井支部主事
事務取扱に就て　茂木警部

□宮城支部育兒法講習會

宮城支部に於ては八月九日より四日間同支部事務所内に於て兒童養護講習會を開催する由なるが講習員は學校教員及篤志希望者約百名を募集すと。尚講習科及講師は左の如し。

赤十字事業の要領及少年赤十字　講師未定
小兒の結核　東北帝大小兒科醫員 醫學士　淺田豐
兒童保健の必要條件　同 小兒科醫長 醫學博士　佐藤彰
救急法及其實習　仙臺衛戍病院長　中山真秀
兒童精神發達の狀況を述べ兒童特に精神異常兒の養護　東北帝大精神科長 醫學博士　丸井清泰

「二」 病院

五月中本社並支部病院に於て取扱ひたる患者は、入院實數六千八百二十五人（内無料四百六十八人）、其延數十萬一千六百六十四人（内無料九千二百三十六人）にして一日平均一箇所在院患者は百五十六人強。

外來患者は實數十一萬三千九百二十五人、（内無料一萬三千六人）、其延數三十一萬二千二百六十三人（内無料二萬七千六百十九人）にして、一日平均一箇所の通院患者は四百六十一人強。各病院別取扱左の如し。

病院名	入院患者延數 有料	入院患者延數 無料	外來患者延數 有料	外來患者延數 無料
本社病院	[illegible]	[illegible]	[illegible]	[illegible]
北海道支部病院	[illegible]	[illegible]	[illegible]	[illegible]
大阪支部病院	[illegible]	[illegible]	[illegible]	[illegible]
兵庫支部姫路病院	[illegible]	[illegible]	[illegible]	[illegible]
群馬支部病院	[illegible]	[illegible]	[illegible]	[illegible]
茨城支部病院	[illegible]	[illegible]	[illegible]	[illegible]
三重支部山田病院	[illegible]	[illegible]	[illegible]	[illegible]
滋賀支部病院	[illegible]	[illegible]	[illegible]	[illegible]
長野支部病院	[illegible]	[illegible]	[illegible]	[illegible]
同諏訪分院	[illegible]	[illegible]	[illegible]	[illegible]
岩手支部病院	[illegible]	[illegible]	[illegible]	[illegible]
秋田支部病院	[illegible]	[illegible]	[illegible]	[illegible]
福井支部病院	[illegible]	[illegible]	[illegible]	[illegible]
富山支部病院	[illegible]	[illegible]	[illegible]	[illegible]
鳥取支部病院	[illegible]	[illegible]	[illegible]	[illegible]

『博愛』第471号。長野県で学校看護婦派遣事業が始まったことを伝えている。

第七章

大阪市学校衛生婦と〝半減〟問題

「学校衛生婦半減案」をめぐる記事

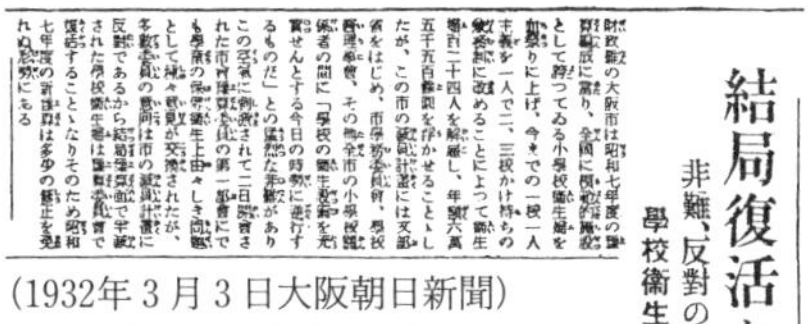

(1932年3月3日大阪朝日新聞)

(1932年3月13日大阪朝日新聞)

●はじめに

一九二二(大正一一)年四月、わが国最初の「一校一名専任駐在制」学校看護婦(北区済美学区)を実現させた大阪市は、市内全校に公費(学区費)をもって「学校衛生婦」を設置すべく、さっそく翌年から計画的に配置をおこない、初年度(一九二三年)五二名、翌一九二四年には一〇名増の六二名、そして一九二七(昭和二)年、ついに二一四名の全校配置を完了させたのであった。

と同時に、大阪市教育部では、学校衛生婦が「教育者の一人」として学校衛生の実績をあげ、「学校衛生婦の地位を向上」させていくことを期待し、そのための〝手引き〟として、『学校衛生婦の栞《しおり》』(一九二三年四月初版発行、一九二七年二月改訂増補版発行)の編纂をおこなっている。

さらに、一九二四(大正一三)年六月には、大阪市学校衛生会(会長は大阪市市役所教育部長)を発足させ、「学校衛生上に必要なる方面の知識技能の向上を図り、かつ学校衛生の実績を挙げる目的を以て諸種の研究あるいは協議をすること」(『学校衛生婦の栞』改訂増補版、七五頁)など四つの目的にもとづいて活動を開始している。

本章では、「一校一名専任駐在制」学校看護婦の〝草分け〟である大阪市学校衛生婦の実践の一端を紹介するとともに、「熱烈な職制運動を展開させるきっかけとなった」(杉浦守邦『改訂・養護教員の歴史』一一二頁)とされる、「大阪市学校衛生婦〝半減〟問題」の経緯について報告する。

『学校衛生実務録』のなかの大阪市学校衛生婦

当時の大阪市学校衛生婦の実態を知るための有力な手がかりの一つに、大阪市教育部が編纂した『学校衛生実務録　第一輯《しゅう》』（一九二七年三月発行）、『同　第二輯』（一九三〇年四月発行）がある。そこには、市内学校衛生婦の半数弱の九一名による計一〇二篇の手記が収められており、一九二〇年代の活動状況だけでなく、当時の彼女たちの心情をも伝える貴重な史料となっている（澤山信一「養護教諭史研究——大阪市学校看護婦の活動の実際」、順正短期大学研究紀要　一九八七年、所収。なお、本節で紹介する大阪市学校衛生婦の「手記」は、いずれも澤山論文からの再引用であることをお断わりしておく）。

着任の日、校長をはじめ他の教職員もまた学校衛生婦を迎えるのは初めての体験である。もちろん自分にとっても、それは未知の世界への旅立ちといえる。彼女たちはいったいどんな心境で校門をくぐったのだろう。

松尾《まつお》シカ（難波河原小学校）は、「六七百人の児童の前に校長先生より紹介されました時重い責任と自責の念に小さな胸は一杯でした」とし、「学校衛生の大きなしかも漠然とした仕事の前に立ってふみ入る道の見当もつかず二三日はただ衛生室に引き込んだまま備え付けの参考書と首引きと言ふ有様《ありさま》」（『第一輯』八五頁、なお、この「手記」は帝国学校衛生会看護部編集の『養護』二巻一号〈一九二九年一月号、二六〜三〇頁〉に「学校看護の一日」という表題で掲載されている）であった、と語っている。

また、なかなか仕事に確信を持つことができずに退職を考えた時もあるという、西田《にしだ》はる（清堀小学校）のような学校衛生婦も少なくなかったようだ。

「学校衛生婦を拝命致しましてから年だけは早五年近くになりますので、新任の方も時折訪ねて下さいますが、仕事の事など校医さんに相談すれば、傷病者の手当位して居れば良いとおっしゃるし、校長さんも同じ様な御言葉だし、衛生婦の栞《しおり》には職務の数々が指定されてあるけど、如何《いか》にして手をつけてよいか分からないから折角《せっかく》奉職したけどやめようかと思ひますとこぼされる方がだんだんあります。実際私もそんな時がありました」

（『第二輯』九三頁）

一方、矢野須磨子《やのすまこ》（集英小学校）のように、校長から「あなた方の方から校長や校医を鞭達《ママ》するといふ位にならなければ、学校衛生の実は上がらないのではないでせうか」（『第一輯』一六四頁）として、病院勤務時代にしみついた〃校長の命令待ち〃〃校医の指図待ち〃の態度を指摘してもらったことで、あらためて自らの使命を自覚して創造的な仕事に取り組みはじめていった者もいる。

とはいえ、創造的な仕事に取り組もうにも日々の仕事をこなすだけで精一杯という状況があったこともまた事実である。「今日も亦《また》　同じ事して暮れにけり　明日は明日はと思いながらも」（香蓑小学校・藤井カズエ、『第二輯』七六頁）と詠う、そうした藤井の感慨は、彼女ひとりだけのものではなく、学校衛生婦たちの誰もが抱いていたものであったにちがいない。『第二輯』に収載された榎本《えのもと》ヒデノ（鯖江第二小学校）の一週間の執務状況をみてみよう。

月　トラホーム洗眼。一年生延爪切。傷病者の処置。校舎内衛生況調査の結果を児童朝会時に衛生係の先生より発表して注意して戴《いただ》きます。
火　トラホーム洗眼。二年生延爪切。傷病者の処置。
水　トラホーム洗眼。三年生延爪切。傷病者の処置。
木　トラホーム洗眼。四年生延爪切の調査。教室巡視時間の都合にて他の日も致します。
金　トラホーム洗眼。五年生延爪切の調査。傷病者の処置。学校全体清潔整頓日に付き各学級受持場所の校舎内外の清潔整頓状況を調査致しまして衛生係の先生の所に報告致します。
土　トラホーム洗眼。六年生延爪者の調査。傷病者の処置。病児家庭訪問。病児と時間との都合にて他の日に参ります。（六七頁）

これをみると、「トラホーム洗眼」と「延爪切」と「傷病者の処置」に明け暮れる日々であったことがわかる。

しかし、こうした状況のなかにあって、彼女たちはしたたかにも他の仕事に当てる時間を生みだすための様々な工夫をおこなったり、また逆に日常の仕事をより価値あるものに高めていく努力を怠っていない。例えば、短時間にしかも確実に洗眼を完了させるための「洗眼時間割」「洗眼出席簿」づくり（榎並小学校・妹尾芳恵、『第二輯』一五一頁）、身体検査の結果を確実に担任に伝え、それを指導に生かしてもらうための「衛生席次表」（各学級の座席表に一人ひとりの健康上の配慮事項などを記したもの）作成（鶴橋第四小学校・藤経貞子、『第二輯』一二頁）などがそれである。

また、「傷病者の処置」にあたるときも、ただ治せばよいとするのでなく、子どもの学校生活を保障するという観点を大切にしようとする、伊藤《いとう》きくを（市岡第五小学校）のような学校衛生婦もいる。

「私はいつも思います。こんな時若《も》し私が胃散でも少し与えてベッドに臥《ふ》さして置くだけしかないか、或《あるい》はお家へ帰らしてしまったらどうであろう。児童は苦しいのみでなく其《そ》の日一日学校に何しに来たのか分からないだろうと」（『第二輯』三七頁）。

以上、大阪市教育部が編纂した『学校衛生実務録　第一輯』『同　第二輯』を手がかりにして、大阪市学校衛生婦の実態をみてきた。当時にあってはまだ身分的には未確立のままであったとはいえ、現代の養護教諭の仕事に通ずる道をすでに歩みはじめていたことを、そのなかに私たちは確認することができるのである。

●雑誌『養護』のなかの大阪市学校衛生婦

ちょうど同じ頃に創刊された帝国学校衛生会看護部の機関誌『養護』（一九二八年一一月創刊）にも、大阪市学校衛生婦の実践報告が掲載されている。私が確認しえたものを列挙しておこう。

①安井テイ（済美第二小学校）
「家庭訪問について」一巻一号（一九二八年一一月）
②竹本熊子（愛日小学校）
「学校看護婦より家庭への希望」一巻二号（一九二八年一二月）
③松尾ツカ（難波河原小学校）
「学校看護の一日」二巻一号（一九二九年一月）
④桑名勝也（天王寺第七小学校）
「私の苦心に成る……毛虱《けじらみ》駆除剤の発見について」二巻六号（一九二九年六月）
⑤HT生（大阪市学校看護婦《ママ》）
「私のヴィジョン」三巻三号（一九三〇年三月）
⑥前田ふくの（難波河原小学校）
「要観察児童の養護」三巻六号（一九三〇年六月）

⑦松永シカヨ（東平野第三小学校）

「私の目標は児童体育の向上」三巻八号（一九三〇年八月）

⑧加川とらえ（恵美第一小学校）

「小学校児童の外傷に関する研究」三巻一〇号（一九三〇年一〇月）

⑨辻元道栄（渥美小学校）

「健康のバロメーターである児童体重の毎月測定したる結果に就て」四巻五号（一九三一年五月）

⑩迚野千鶴代（道仁小学校）

「小学校児童の扁平足に関する調査」五巻五号（一九三二年五月）

なかでも、①⑦に注目したい（いずれも『学校衛生婦実務録　第一輯』にも収載されている）。「家庭訪問」は「学校衛生婦の真価は、実に家庭訪問の成績の良否で定めることができる」（『学校衛生婦の栞』大阪市教育部発行　改訂増補版、一九二七年）として、大阪市にあってはとくに重視されていた分野の仕事である。安井の「家庭訪問」の実践は、家庭への衛生思想を普及と子どもの健康回復をめざした直接的な働きかけが、〝迷信との闘い〟であるだけになおさら、それを克服することで学校衛生婦の仕事についての理解と共感へとつながっていったことを学ばせてくれる（前掲、澤山論文、一一二頁）。

安井が紹介している事例のなかから一つだけ抜粋しておこう。

「或《あ》る日、肺結核の病欠児を訪問して、この病気に対する種々の注意を述べましたところ、先方では『神様の御水を胸に塗ってさへおけば一カ月位で治ると神様の御告げがありました』といって、私の言葉なんかてんで受け入れて呉《く》れませんでしたので困りましたが、根気よく様々に説き聞かせまして、遂《つい》に医師にかかるやうにいたしてかへりました。それからといふものは、先方は真剣になってまいりまして、滋養物はどんなものが良いかとか、その料理法はどうすれば善いかとかわざわざ私の医務室まで問いに来るやうになり、一生懸命養生させた結果、今では通学出来るやうになりました」

（『養護』一巻一号、一九二八・一、三四頁）

また、松永の実践は、「継続的な測定と測定時に子どもの様子を観察したり、体に触れることの大切さ」（前掲、澤山論文、七頁）を教えているだけでなく、「医務室」来訪児への〝問診〟のあり方についての問題提起を含んだものといえる（同右、一〇頁）。「三、頭痛を訴へたる児童の取扱《とりあつかい》に就《つ》きての所感」の項から一部抜粋する。

「先生頭痛がするからお薬下さいと申して来ました女の児を見すと《(ママ)》、どうも睡眠不足の様です。それでよく尋ねてみましたところ適中《(ママ)》致しました。其《そ》の原因はと思って色々尋ねましたけれど中々《なかなか》答えませんから病気は、一でも二でも薬を服用すればよいのでなく其の原因によって色々考慮する必要がある事を優しく教えて丁寧に再度尋ねますと、尿意頻数にして数回排尿に行き其《そ》の都度《つど》疼痛と掻痒《そうよう》がある、それが睡眠不足の原因をして居る事が発見できました」(『養護』三巻八号、一九三〇・八、二六頁)

さっそく医師の診察を仰がせ、その結果、淋毒性尿道炎であることが判明。松永は、「父兄方の感謝は一方ではありませんでした」(同右)という言葉でこの報告を結んでいる。

当時、まだ職制は定められておらず、学校衛生婦の身分は未確立のままであった。そのことが、仕事をするうえでどれほど物理的・精神的な障害となっていたかは想像に難くない。しかしそうした状況にあっても、彼女たちは学校衛生婦としての誇りと自覚を失ってはいない。困難をむしろバネにして創造的に仕事をすすめる〝したたかさ〟と〝しなやかさ〟。そうした仕事ぶりは、子どもはもとより父母や地域住民をして、〝学校衛生婦のいる学校〟への信頼感を高めずにはおかない。

その後、大阪市学校衛生婦に突如として襲いかかってくる〝半減〟問題のなかで、〝学校衛生婦のいる学校〟の真価が問われることになるのである。

●大阪市学校衛生婦〝半減〟問題の経緯

事件の発端は、一九三二(昭和七)年二月の市会に、大阪市当局が財政難を理由として市内学校衛生婦の〝半減〟案を提出したことにある。すでに見たように、大阪市では、第一回大都市連合教育会での「大阪提案」（プロローグ）を直ちに実行にうつし、全国に先駆けて「一校一名専任駐在制」学校看護婦の配置（北区済美学区）をおこない、学校衛生の中核的役割を担わせるべく学校衛生婦の全校配置を企図し、数年前にそれを完了したばかりであった。

その学校衛生婦を〝半減〟するというのである。当事者である大阪市学校衛生婦会から猛烈な反対の声が起こったのは言うまでもない。

注目したいのは、〝半減〟案の撤回を求める声が当事者のみならず文部省をはじめとして市内小学校関係者にいたる各方面からも噴出していることである。『大阪朝日新聞』（一九三二年三月三日付）は、「結局復活か　非難、反対多い　学校衛生婦半減案」という二段組の見出しで記事を掲載し、情勢を次のように分析している。

「財政難の大阪市は昭和七年度の予算編成に当り、全国に模範的施設として誇っている小学校衛生婦を血祭りに上げ、今までの一校一人主義を二、三校かけ持ちの兼務制に改めることによって衛生婦百二十四人を解雇し、年額六万五千五百余円を浮かせることとしたが、この市の減量計画には文部省をはじめ、市学務委員会、学校医理事会、その他全市の小学校関係者の間に『学校の衛生設備を充実せんとする今日の時勢に逆行するものだ』との猛烈な非難がありこの空気に刺激されて二日開会された市予算委員の第一部会にでも学童の保健衛生上由々しき問題として種々意見が交換されたが、多数委員の意向は市の減量計画に反対であるから、結局予算面で半減された学校衛生婦は復活することとなり、そのため昭和七年度の新予算は多少の修正を免れぬ形勢にある」（ルビは省略）

事件が、全国の学校看護婦たちに大きな衝撃を与えないわけがない。〝草分け〟であり最も条件整備がされていると自他ともに認める大阪市が舞台であったからだ。これを契機に、身分保障や地位待遇に関して法的規定を求める声は一層高まっていくことになる。

ちょうどその年、年一回の全国学校看護婦大会（第四回）は、偶然にも、会場を東京（日赤本社）から初めて大阪市（愛日小学校）にうつして、三月一二日の午前中から二日間にわたって開催されることになっていた。会場には「北海道や満州などからも加わり全国各地から約四百名」（『大阪朝日新聞』一九三二年三月一三日付）が参集した（うち正会員は三四六名）。過去最大規模の参加者。しかも会場は期せずして起こった〝半減〟問題の渦中にあって揺れ動く大阪市。職制制定要求の機運は最高潮に達した。その様子を『大阪朝日新聞』記者は、次のように報じている。

「何《いず》れも紅唇《こうしん》を破って切々たる熱弁を振《ふる》ひ『学童の健康保持は私達の双肩にかかっているのだから学校看護婦を半減するとか減俸するとかは誠に遺憾である』とばかり……」（前掲紙、ルビは省略）

大会は、「学校看護婦に関する職制を速やかに制定せられんことを重ねて文部省に建議するの件」（岐阜市および大垣市小学校看護婦会提案、提案者・広瀬ます）および「学校看護婦の健全なる発展のため速やかに統一したる職制を制定せられんことを当局に建議するの件」（東京市学校衛生婦会提案、提案者・森川初枝）の二つの建議案を満場一致で可決して閉幕した。

〝半減〟問題の結末や如何《いか》に？　一九三二（昭和七）年三月一七日付『大阪朝日新聞』は、「給料は下げても　減員せぬやう　学校衛生婦問題に希望　市予算委員二部・三部会」という見出しで、次のように報じている。

「……教育費の審査を分担する市会予算委員の第三部会の雲行きは各方面から注目されていたが同会は十六日午後二時から決定の委員会を開会の結果『学校衛生婦は学校保健衛生の最も適切な機関と認む、よって市財政の窮迫せる現状にかんがみ同機関の平均給を低下するも減員を行はざるやう考慮されんことを望む』の希望条件を附するに止め原案を可決した、一方市当局においても市会の意のあるところを諒《りょう》とし予算執行に当たっては衛生婦の減員はなるべくこれを行はぬ模様である」

事件発生以来、約一カ月。学校衛生婦はじめ市教育関係者を揺るがせた学校衛生婦〝半減〟案は、世論の猛烈な反対意見の前に、遂にゴリ押しされることなく一件落着の運びとなった。それだけではない。「学校保健衛生の最も適切な機関」として、市当局に対して学校衛生婦の意義を改めて確認させることにもなったのである。

雨降って、地固まる。学校衛生婦の全校配置を守った〝土壌〟はいかに形成されたか。彼女たちのあの〝したたか〟で〝しなやか〟な仕事ぶりこそが最大の肥しであったと私はみるのだか……。

コラム

「研究方法論ノート」⑦

大阪市学校衛生婦〝半減〟問題の位相

養護教諭の歴史のなかで、その存亡にかかわる最大の試練ともいうべき事件は何かと問われれば、私は即座に「大阪市学校衛生婦〝半減〟問題」を挙げたい。

この事件がおきたのは、文部省訓令「学校看護婦ニ関スル件」（一九二九年一〇月）が公布されたわずか三年後だった。しかも学校看護婦を教育職員として将来的には法制化する腹を固めた文部省がそのモデルとした「一校一名専任駐在制」学校看護婦を、全国に先駆けて配置し、「全校配置」まで実現していた大阪市を〝舞台〟にくりひろげられたのである。

文部省による「学校看護婦全国調査」によれば、一九二二（大正十一）年、わずかに一一一名であったものが年々着実に増加し、一九二八（昭和三）年には約一〇倍の一一九九名、そして〝事件〟の前年（一九三一年）の調査では一八二四名を数えるまでになり、「全校配置」都市も五二市に及んでいた。

いかに財政難とはいえ、客観的にみれば、〝半減〟案が時代の動きに逆行するものであったことは明らかであった。新聞報道にもあるように、文部省までが反対の論陣を張ったのもうなずけよう。

しかし、事柄は一地方都市の政治経済と教育のあり方にかかわる問題であって、市当局に〝半減〟案を撤回させることができるかいなかは、つまるところ父母・地域住民の賛同を得られるかにかかっていたと考えられる。

つまり、〝学校衛生婦のいる学校〟への父母・地域住民の信頼がどれほどのものであったか、その真価が問われた〝事件〟であったといえよう。

先行研究における〝半減〟問題の位置づけ

大阪市学校衛生婦〝半減〟問題を、上述のようにとらえるならば、当然のこととしてそれにふさわしい論理でもって歴史のなかに位置づけることが求められる。

たとえば、私自身そこから多くを教えられ、また史料的な面でもそこに多くを負っている杉浦守邦氏の著書『改訂・養護教員の歴史』（一九八五年、初版は一九七四年、東山書房）では、この〝事件〟

はどう扱われているのだろう。

「第一部　草創期の学校看護婦」に続く「第二部　職制の成立」の「第二章　職制運動」のなかに、「二・職制制定の要望」の項をおこし、〝事件〟に関して次のように記述している。

「昭和六年頃から学校看護婦の減員または減俸を実施する所が現われていたが、特に昭和七年……（中略）、学校看護婦層全体に与えた衝撃は大きかった。これから防衛するため、大阪市のみでなく全国的に学校看護婦が団結し、捨身の運動を展開して、辛うじてこの事態は減給で切り抜け、首切りを避けることができたが、この結果職制のないことは身分不安定で、安んじて職務に精励できないとして、熱烈な職制運動を展開させるきっかけとなった」（二一一～二一二頁）

全国の学校看護婦の団結による「捨身の運動」によって「辛うじて」事態を切り抜けたという評価についての是非は、ここではさしあたって問わない。

不十分だと感じたのは、〝事件〟それ自体がもつ意味を解明する方向で分析のメスを入れることなく、職制運動の契機としてのみ〝事件〟を位置づけている点であった。

先行研究の方法論的検討のうえにたって

たしかに杉浦氏は、前掲書の「第一部」で「大阪市の学校看護婦」という節を設けて、そのなかで安井実践や松永実践を紹介することを忘れていない。しかし、〝事件〟とそうした諸実践とを結び付けてとらえようとする視点は希薄である。それゆえに、バラバラな事柄として記述されてしまっている。

ある事件を歴史のなかにどう位置づけるかは、事柄の本質をどうとらえるかという問題とかかわっている。大阪での〝事件〟について言えば、〝半減〟案を事実上撤回させるまでの経緯をどう歴史的に記述するかということのなかに、筆者がその〝事件〟を養護教諭の歴史においていかなる問題として認識したかがあぶり出される、ということである。

本章（「大阪市学校衛生婦と〝半減〟問題」）は、杉浦氏の先行研究に対する方法論的検討のうえにたっている。ご批正をお願いしたい。

第八章

『衛生日誌』にみる学校看護婦

松代小学校の『衛生日誌』

●はじめに

「一千万人の小学校児童の、結核患者は五十万人なんと恐ろしいこの数字、積極的に体育増進が必要。

学校看護婦は学校及び地方自治体その他の団体に設置され、最近では全国で千五百余名になったが、そのよるべき規準がないので、文部省は二十九日訓令第二十一号として採用方針その他の要項に関する訓令を発した。これを機として、明年度より一千万人に上る小学校児童の体育増進について、積極的な施設を設けるべく準備を進めている。文部省体育課の調査によると、一千万人の小学生中結核性疾患になやまされているのは、実に五十万人、即ち百人に付五人という憂《うれ》ふべき状態を示し、小学職員にあっても約二十二万人中四千人の結核性患者がある状態なので、今度学校看護婦の訓令が発せられ、学校医に関する勅令公布に次ぐ制度上の一大進歩である」(『信濃毎日新聞』一九二九年一〇月三〇日付、傍点は原文ではゴチック。句読点は引用者による)

文部省訓令「学校看護婦ニ関スル件」の公布を報じた『信濃毎日新聞』の記事である。

この年(一九二九年)四月、長野県埴科郡松代尋常高等小学校に、初代の学校看護婦として「塩《しお》野入《のいり》みつい」が赴任している。松本女子師範附属小学校と源池部小学校を兼務した「鈴木くらじ」、須坂小学校の「熊井ふずえ」「松岡《まつおか》　馨《かおる》」、赤穂小学校の「久保田ゆう」につぐ、長野県下では五人目の学校看護婦（いずれも、日赤長野支部より派遣）であった（第六章）。

一九二六（大正十五）年六月に、長野県下に初めて学校看護婦が登場してから三年、その配置は遅々として進まなかった。先の訓令が公布された時点では、松代小学校、赤穂小学校、高島小学校（「唐沢ミヤ子」一九二九年設置）のわずかに三校のみ。そうしたなかにあったからなおさら、塩野入の仕事ぶりは注目された。『信濃毎日新聞』（一九三〇年二月八日付）は、「憂《うれ》ふべし小学生の疾病、松代小学校の調査、看護婦の存否問題となる」という見出しを掲げ、次のように報じている。

「埴科郡松代小学校では昨年四月から学校看護婦をおき、生徒の事故に備へたが九カ月間の統計によると、生徒数一千二百八十四名のうち
△内科的疾患実数百二十五人延人員百二十七名
△外科的同上実数九百八人、延人員五千六百四人
といふ憂《うれ》ふべき数を示している。同校の外県下に学校看護婦のあるものは、上伊赤穂、諏訪高島の二校であり、不必要説から漸次《ぜんじ》減じてこれだけになったものであるが、県では現状に鑑《かんが》み再び学校看護婦の存否如何《そんぴいかん》について研究することとなった」（『信濃毎日新聞』一九三〇年二月八日付、句読点は引用者による）

現在、松代小学校には、学校看護婦自身の手によって綴られた十二冊におよぶ『衛生日誌』(一九三〇〜一九四一年度)が大切に保管されている(但し、初年度である一九二九年度のものについては未見)。

本章では、松代小学校での『衛生日誌』を手がかりにして、一九三〇年代の学校看護婦の実像に迫っていくことにしたい。

一九三〇年代前半の長野県学校看護婦群像

「長野日赤より一ヶ年の契約で派遣され、就任し学童の養護に当たった」(『松代小学校百年史』一七〇頁)とあるように、塩野入はわずか一年間勤務しただけで退職している。後を引き継いだのは、森輝江《もりてるえ》であった。

「昭和五年塩入《ママ》氏のあと森輝江氏が学校看護婦として就任した。塩入氏は日赤の費用によったが、次の森氏の費用の出途の見通しがなく、校医吉野氏は自らの費用を出資し、半額を町当局より出資してまかなった」(『松代小学校百年史』一七〇頁)

赴任当初の心境を、森は『衛生日誌』(一九三〇年度)に次のように綴っている。

「四月四日　金曜日　晴
患者総数四名
擦過傷二名、切傷二名、ソレゾレ処置ス
午後三時ヨリ衛生係ノ先生方ノ会アリ　判ラナイコトバカリナノニ、イザトナレバ出テコナイ
四月十二日　土曜日　曇
患者総数二十名　洗眼十四名、切傷三名　擦過傷一名塗布交換二名消毒処置セリ　毎日オ便所へ行ク毎《ごと》ニ気ニナッテ居タ職員便所オ掃除ヲナス　何事モ考フルヨリ成セダ毎日毎日何ラナスコトナク呆然ト日ヲ送ッテ居ル自分ヲ考フル時恥ラレテタマラナイ、自分ガ忙シイヤウデハ良イ事ハナイダロウガ余リ暇ナノモ苦痛ヲ感ジル」　（『長野県教育史一四巻』四二一頁、所収）

けがの手当と洗眼のほかには「何ラナスコトナク呆然ト日ヲ送ッテ居ル自分」を恥じ、「余リ暇ナノモ苦痛ヲ感ジル」として、自らの役割を模索しようとしていた森の姿が目に浮かぶ。さぞかし、仲間との交流の機会を待ち望んでいたことだろう。しかし、ついに実現を見ぬまま、森は松代小学校での五年余におよぶ学校看護婦生活にピリオドを打っている。

「学校看護婦の最初の会合」がもたれるのは、森が退職した直後、一九三五（昭和一〇）年の暮れのことである。『衛生日誌』に次のように記されている。

「十一月十九日　火曜日
　午後、長野後町小学校より前島氏お見えになられる。十二月一日には松本市に学校看護婦の最初の会合が行われる由《よし》、なるべく全部の出席を希望される由」（一九三五年度）

「前島氏」とあるのは、学校看護婦として一九三一（昭和六）年度より後町小学校に配置されていた「前島きく」のことである（その後、一九三四年度より他の三校と兼務）。「最初の会合」がもたれたという一九三五年度には、松代小学校の森（十一月六日より「橋詰いさ美」）のほか県下に八名の学校看護婦――鈴木くらじ（須坂小）、前島きく（後町小ほか）、上原けさよ（城山小ほか）、増沢あい（松本女子師範附属小）、唐沢ミヤ子（高島小）、名取政子（下諏訪小）、小沢けさ子（金沢小）、久保田ゆう（赤穂小）がいた。
　仕事を同じくする仲間との語らいは、どんなにか楽しく、またそれによってどれほど勇気づけられたことだろう。しかし言うまでもなく、ただ悩みを打ち明けることでよしとしていない。『衛生日誌』からは、子どもの実態の交流を通して学校衛生の課題と学校看護婦の役割について意見交換をおこなっていたことがうかがわれる。

「五月二十五日　月曜日
六郡教育会（中略）飯山から南条（南沢）さん、須坂から鈴木さんなど見え、お互いに学校衛生に関し、語り合ふ事の出来た事を感謝する。とにかく当校としては一番の急務は彎曲《わんきょく》児童の姿勢を直すことであろうと思う。学校給食についても煩雑で割合実績が挙がらぬらしいお話であった」

（一九三六年度）

松代小学校での学校看護婦の仕事ぶりを、森の赴任当初までさかのぼり、彼女が綴った『衛生日誌』を手がかりにして見ていくことにしよう。

●森　輝江が綴った『衛生日誌』より

「九月十八日　金曜日　雨
患者総数　四十名　洗眼者数　二十四名
擦過傷　四名　切傷　二名　腫物《はれもの》　一名
悪心《おしん》　一名　其の他交換数　八名

九月十九日　土曜日　晴
患者総数　三十一名　洗眼者　二名
切傷　二名　頭痛　一名　塗布交換　八名

明日ヨリ四日間ニ亘《わた》リ尋六年生伊勢へ修学旅行ヲナスコトニ決定ス、衛生囊ヲ整フ、二十三日朝帰松ノ予定」

（一九三二年度）

一九三一（昭和六）年九月一八日といえば、「満州事変」の発端となった柳条湖《りゅうじょうこ》事件が起こった日である。これをきっかけに戦争は拡大し、情勢の緊迫化にともなって戦時体制は強化されていく。その後、一九三七（昭和十二）年頃になって、徐々にではあるが『衛生日誌』のなかにさえ戦時色が現れてくるようになるが、『衛生日誌』にみるかぎり、この時点ではまだ学校現場にまで浸透していなかったようだ。

「一月二十三日　火曜日　晴

午後一時ヨリ県学務課ノ延川博士ノ学校衛生講話アリ、五時閉会、流感流行シ、県下小学校休校スル有様、寒気甚《はなはだ》シ

一月二十四日　水曜日　小雪

……欠席児童調べ　　全校……四十八名

七月十二日　木曜日　曇

……全校生徒　髪虱《しらみ》退治

氏名ノ提出アリタル組カラ授業中一時間約十五名、三ノ三組ヨリ開始

七月十六日　月曜日　雨

……短縮授業ニナッテヨリ髪虱退治ヲ初メタ……（中略）、目ノ廻《まわ》ル程忙シイ、一通リ済ムト汗ダック。併《しか》シ忙シイ程愉快ダ」　（一九三三年度）

流感予防と「目ノ廻ル程忙シイ」虱退治。「汗ダック」になりながらも、「併シ忙シイ程愉快ダ」と言ってしまうところがなんともたのもしい。

欠食児童への栄養補給もまた、当時にあっては重大な関心事のひとつであり、森はそれも学校看護婦の仕事として誠実に取り組んでいる。

「二月十八日　月曜日　晴

……全国小学校欠食児童、文部省ヨリオ金頂ク。ソノオ金ヲ以《も》ッテ毎昼、全校生徒ニ栄養粉ヲ与フ（五瓦《グラム》）

栄養粉ノ処法

キナ粉　二・〇　胡麻　二・〇　煮干粉　一・〇　青海苔少々　食塩適宜

一学年生徒ニハ一週間ニ一度味噌汁ヲ与フ」
（一九三四年度）

前任の塩野入のあとを受け、赴任当初の、あの不安な出発日から五年余。年度半ばで退職することになるその理由がなんであったか、いまとなっては知る由もないが、森が綴った〝カタカナ混じり〟の『衛生日誌』が示すように、県下の数少ない学校看護婦のひとりとしての、その堅実な仕事ぶりによって、学校看護婦の必要性を世間にアピールするうえで小さくない役割を果たしたことだけは確かである。

●橋詰いさ美が綴った『衛生日誌』より

森の後任として、三代目の学校看護婦に就いたのは「橋詰いさ美」である。当時、三一歳。五歳になる男の子をたったひとりで育てながらの学校勤めであった（その四年前に夫を亡くしていた）。日赤長野支部から紹介されて松代小学校に赴任したのは、一九三五（昭和十）年一一月六日。この日の心境を橋詰は『衛生日誌』に次のように綴っている。

「十一月六日　水曜日　晴
前からの御引継ぎなきため、大分勝手がわからず困って了《しま》う。薬品なども大部分空箱となっている。これから充分用意して皆の御心に副《そ》いたいと思ふ」
（一九三五年度）

「皆の御心に副いたい」。この初心が、橋詰をして九年ちかい日々を松代小学校の子どもたちと共に送ることをさせたのであろう。『衛生日誌』には、随所にそうした子どもたちとのかかわりが綴られている。

「午後尋二ノ一の組のお掃除を山野井先生とみる。小さな子供達の作業としては相当疲れるらしい。一つお雑巾をかけては遊び、二つ机を運んではわき見をし、実に骨の折れる事甚《はなは》だし。本当に自分でぐんぐんやって了った方がずーっと楽な様に思へる。
全く純な子供達と共同生活への第一歩に入らしめるには一通りの忍堪でないと思ふ。ここでも多く救えられる事が出来て感謝である。働けると云ふ事は何と大きな喜びであろう……」

（一九三六年度）

橋詰は同僚の先生方にも大変親しまれていたようで、「医務室には大きな火鉢が置いてあって、いつでもお湯が涌いていて、他の先生は『医務室はいいなー。いつでもお湯が飲める』とおっしゃいまして、そこで焼きいもや、ふかしいもをつくっていました」（「聞き取り記録」、『礎』一〇九〜一一〇頁）と語っている。

『衛生日誌』にもどろう。学校給食実施の運びとなり、それを前にした緊張の日々を、橋詰はこう綴っている。

「九月十九日　土曜日　曇

……本年からは当校も給食される由《よし》、大いに栄養食について研究せねばならぬと思ふ。

十一月三十日　火曜日　晴

……本日より給食委員にて実施につき栄養食の調理試食を行ふ。第一日一人当り三銭六厘かかる。明日より二銭平均に行いたし。

十二月三日　木曜日　晴　夕雨

……午後一時より給食児童父兄懇談会、校長先生、吉野校医殿の試食についての御話しあり……」

（一九三六年度）

しかし、それも束の間、「費用の点」を理由にわずか半年たらずで中止されることになる。

「二月四日　木曜日　晴

……費用の点で突然に学校給食を中止する事になりしも予定は出来ておらず、全く急の申し渡しにて給食児童は何《いず》れもおかずを持参せず。そのため又々至急に青年学校生徒をわずらわし給食の用意をする。実にそのため大多忙な半日であった。団体的な仕事は一寸とした不注意か

らも大きな波紋をえがく事を考えると実に考へねばならないと思う。いよいよ最後の給食となる」（一九三六年度）

混乱ぶりが目に浮かぶようだ。「いよいよ最後の給食となる」という記述から、学校給食の中止にたいする橋詰の学校看護婦としての静かな憤りが伝わってくる。

その頃、中国大陸では争いが一層エスカレートし、国内では二・二六事件（一九三六年）にみられるようなクーデターが相次いだ。そして、一九三七（昭和十二）年の蘆溝橋《ろこうきょう》事件をきっかけに、日本は中国に対する全面戦争に突入することになるのである。

●おわりに

本格的な戦時体制下にはいっていくにつれて、『衛生日誌』にもそうした情勢を反映した記述がみられるようになる。

次章では、戦時体制下の学校衛生と学校看護婦をテーマに『衛生日誌』を読みすすめていくことにしたい。

コラム

「研究方法論ノート」⑧

『衛生日誌』発掘の意義

長野県教職員組合養護教員部（当時・坂口せつ子部長）が刊行した『礎——長野県養護教諭のあゆみ』（一九八四年）という〝地域養護教諭史〟の試みがもつ研究方法論的特徴については、すでに述べた。（コラム⑥）。

また、この取り組みは、史料的な面においても養護教諭成立史研究の前進にとって実に大きな意義をもつものであったといえる。その最大の貢献が、松代尋常高等小学校の『疾病録』（一九二九～一九四二年度）と『衛生日誌』（一九三〇～一九四二年度）の発掘であった。

『衛生日誌』は、同校に学校看護婦が置かれた翌年からの〝執務日誌〟ともいうべき性格の記録である（初年度のものについては、所在が確認できていない）。そこには、当時の〝子ども・学校・社会〟が飾ることなく描写されているだけでなく、記録の端々からは、日々の仕事のなかで学校看護婦が何を考え何を感じていたかをうかがい知ることができて興味深い。

実現した、当事者からの〝聞き取り〟

「何としてもこの『衛生日誌』を記録した当事者である学校看護婦にお会いしたい」――長野県教職員組合養護教員部の熱意は、それを現実のものにしてしまった。松代尋常高等小学校の三代目・学校看護婦として一九三五（昭和十）年から一九四四（昭和十九）年まで勤めた「橋詰いさ美（政子）」（一九〇四年～）さんが、横浜市にまだ健在でおられるという情報を入手することができたのである。一九八一（昭和五六）年九月十五日、さっそく私たち（編集委員会らは坂口せつ子さん、新村美子さん、丸山智恵さんの三名、研究者として坂本玄子さんと筆者が同席した）は、横浜市にある橋詰先生のご自宅を訪れることにした。八三歳のご高齢になられ、足は不自由のようにお見受けしたが、お元気そうでしかも記憶は確か。四〇年以上も前の事柄であるにもかかわらず、ご自身が書かれた『衛生日誌』をなつかしく読み返されながら、私たちの質問に一つひとつ丁寧にお答えしてくださったのが印象的であった。

『衛生日誌』の消息

橋詰先生によれば、『衛生日誌』は定期的に提出することが義務づけられていたわけではなく、学校の庶務から求められれば提出すればよい、というほどのものであったという。

また、一九四三年度以降の『衛生日誌』が残されていない点について、橋詰先生は「何しろ、紙が貴重品で、日誌を書いた覚えがないって言っていた」（「座談会」での丸山委員の発言、『礎』五三四頁）と証言している。

ちなみに松代小学校では、現在でも「夏休みに全教職員が出勤して古い物を全部虫干ししてね、整理するんですって、全然ねずみに食べられたりだとか、水のしみなんか一つもなかった」（「座談会」での坂口委員の発言、同右）というくらい管理がゆきとどいているから、紛失したとは考えにくい。橋詰先生の証言通り、書かれなかったものと推察される。記されていれば、戦時中の学校衛生を知るうえで貴重な史料となり得ただけに残念である。

埋もれている無数の『衛生日誌』の発掘を！

私が知るかぎり、これほどまとまったかたちで『衛生日誌』が保存され、かつ発掘された例は、松代小学校をおいてほかにない。

しかし、言うまでもなく、そのことは松代小学校以外では『衛生日誌』の類のものが一切書かれなかったということを意味しない。おそらく無数の『衛生日誌』が倉庫のなかで眠っているにちがいない。

歴史研究にとって〝聞き取り〟という方法もたしかに重要である。しかし、長野県での〝地域養護教諭史〟編纂《へんさん》事業にかかわって私があらためて感じたのは、『衛生日誌』という一次史料の存在の大きさであった。それを記録した当事者への〝聞き取り〟であればなおさら、記憶をよみがえらせるうえでも、思い違いをチェックするうえでも文字として記録された文書が効力を発揮する。

埋もれている無数の『衛生日誌』をはじめとする文書史料の発掘に、養護教諭のみなさんが取り組んでくださることを期待したい。

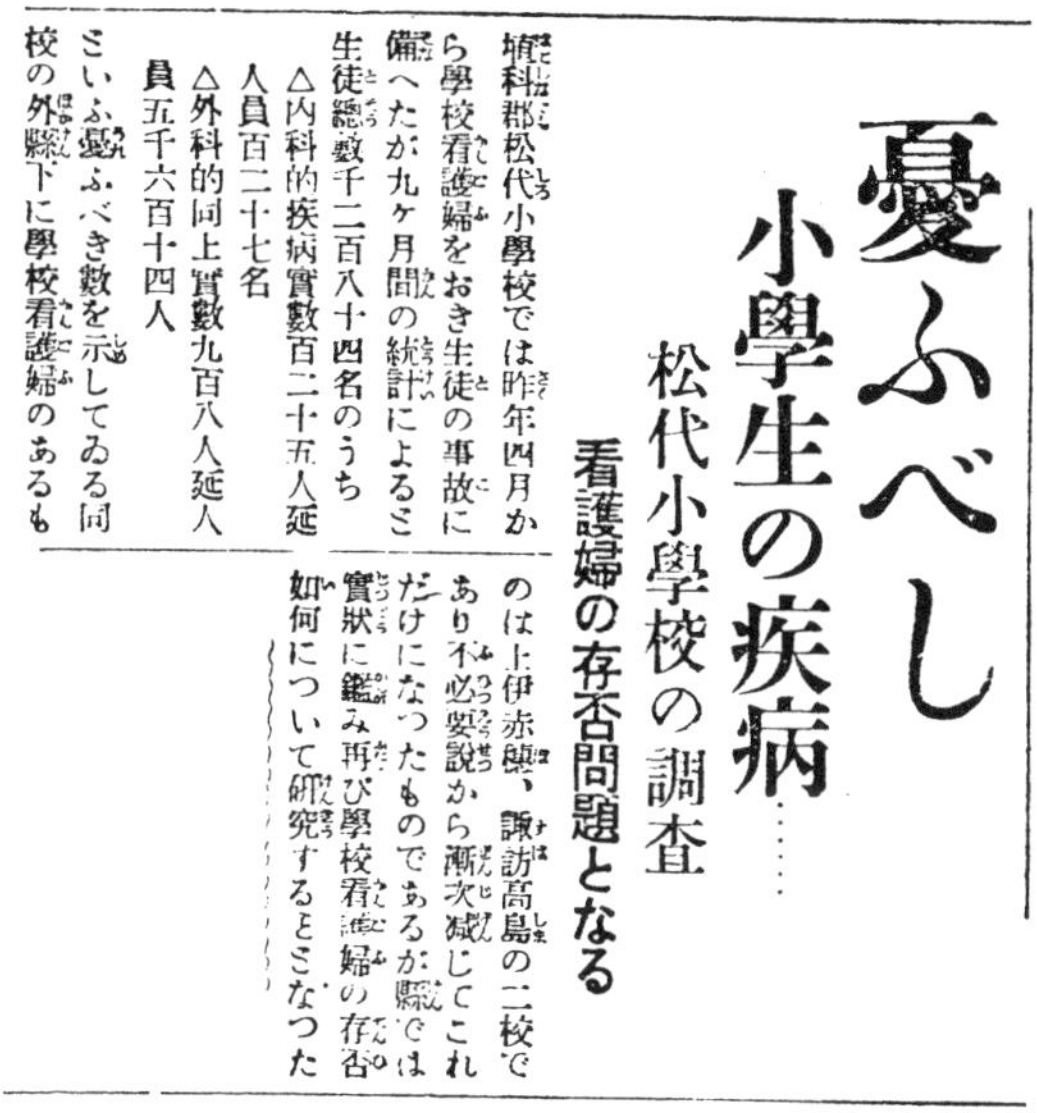

憂ふべし 小學生の疾病……

松代小學校の調査

看護婦の存否問題となる

埴科郡松代《しろ》小學校では昨《さく》年四月から學校看護婦《かんごふ》をおき生徒《と》の事故《こ》に備《そな》へたが九ヶ月間《かん》の統計《とうけい》によると生徒總數《とうすう》千二百八十四名のうち

△内科的疾病實數百二十五人延人員百二十七名

△外科的同上實數九百八人延人員五千六百十四人

といふ憂《うれ》ふべき數を示《しめ》してゐる同校の外《ほか》縣《けん》下に學校看護《かんご》婦のあるものは上伊赤穂、諏訪《すは》高島《しま》の二校でありそれも不必要説《ふひつえうせつ》から漸次《ぜんじ》減《げん》じてこれだけになつたものであるが縣では實状《じつじやう》に鑑《かん》み再《ふたゝ》び學校看《かん》護《ご》婦の存否如何《いか》について研究《けんきう》することとなつた

松代小学校の調査結果と学校看護婦の存否問題を伝える『信濃毎日新聞』（1930年２月８日）

第九章

戦時体制下の『衛生日誌』と学校看護婦

橋詰いさ美

●はじめに

中国に対する全面戦争のきっかけとなったとされる蘆溝橋《ろこうきょう》事件（一九三七年三月七日）の直後から、松代小学校の『衛生日誌』のなかにも、少しずつそうした情勢を反映した記述がみられるようになる。

本章では前章（第八章）に引き続き、学校看護婦自身の手によって綴られた『衛生日誌』を手がかりにして、戦時体制下の学校現場とそこでの学校看護婦の実像に迫っていくことにしたい。

●『衛生日誌』のなかの〝一九三七年度〟

「七月二十八日　水曜日　晴曇後夕立
出勤すると倉田先生の御出征を伺ふ。第一時、講堂訓話、倉田先生告別式、お休みの中の諸注意事項等あり、昼食、夕刻より壮行会」

（一九三七年度）

『衛生日誌』に「出征」「壮行会」といった文字が登場しはじめる。そして間もなく、『衛生日誌』はそうした記述で埋めつくされるようになるのである。

「八月十六日　月曜日　晴
夕刻より宮下先生壮行会、御国のためかくして大勢の方々が出征されるを思ふと感謝しないではいられない。この上はどうぞ御無事で凱旋《がいせん》を祈るのみ。
八月十七日　火曜日　晴
第一時講堂、始業式、本日午後より防空演習予行、出征兵士見送り、夜十時までもう空演習のため在校、夕食の炊出《たきだ》しなどなす。
八月十八日　水曜日　晴
……出征兵士御見送り、防空演習。
八月十九日　木曜日　晴
……宮下先生出征、兵士御見送り三回、防空演習、第一時間より非常警報、避難、催涙ガス投下。
八月二十日　金曜日　晴
……出征兵士御見送り。

八月二十一日　土曜日　晴
……出征兵士御見送り　」（一九三七年度）

職員の出征兵士の「御見送り」や壮行会にくわえて、「催涙ガス投下」という実戦さながらの防空演習までおこなわれていたことを、橋詰いさ美学校看護婦は『衛生日誌』に記している。

戦線を拡大していった日本軍は、その後、三〇万人もの中国人を殺害したとされる「南京大虐殺」の舞台となっていく南京の攻略についに乗り出す。その年（一九三七年）一二月一日のことである。

橋詰は『衛生日誌』に次のように記している。

「十二月十一日　土曜日　晴
南京陥落、戦勝燈灯行列を午後六時より行なふ由《よし》」（一九三七年度）

●学校看護婦制度史における〝一九三七年度〟

ちょうどその頃、第七一回帝国議会（衆議院、一九三七年七月開催）に学校看護婦の配置にかかわる、議会史上初めての「建議案」が提出されている。野中徹也（埼玉県選出）議員ほか三〇名による「小学校ニ看護婦配置ニ関スル建議案」がそれであり、採決の結果可決された。

「政府ハ速《すみや》カニ小学校令ヲ改正シテ国庫支弁ヲ以《もっ》テ全国小学校ニ看護婦ヲ配置セラレンコトヲ望ム　右建議ス」

つづく第七二回帝国議会（一九三八年三月）には、衆議院に「学校看護婦職制制定ニ関スル請願書」が提出され、いずれも可決・採択されている。

杉浦守邦氏によれば、政府あるいは議会に対する職制制定の建議や陳情は、「単に学校衛生婦の団体だけではなく、学校衛生団体や教育団体等各層から熱心に根強くくり返された」（『改訂・養護教員の歴史』東山書房、一九八五年、一二二頁）という。

青少年の体位向上と結核予防が、本格的な戦時体制下に入りつつある日本の焦眉の国家的課題となるなかで、これまで不安定な身分でありながらも学校現場の第一線で「児童の養護」のために活躍してきた学校看護婦の存在が、にわかにクローズアップされてきたというわけである。東京市学校医会長・杉田武義が第七二回帝国議会に提出した請願書（「学校衛生婦職制制定ノ請願」一九三八年三月二五日）に対する意見書（衆議院）には、そうした事情が端的に表現されている。

「右請願ノ要旨ハ現下我カ国小学校教育ニ於《おい》テ虚弱児童ノ激増結核病蔓延一般学童ノ体位低

下等著《いちじる》シキ状勢ニ在ルハ洵《まこと》ニ憂慮ニ堪《た》ヘザル所ナリ依《より》テ速《すみやか》ニ学校衛生婦ノ職制ヲ制定セラレ学校衛生ノ万全ヲ期セラレタシト謂《い》フニ在リ衆議院ハ其《そ》ノ趣旨ヲ至当ナリト認メ之《これ》ヲ採択スヘキモノト議決セリ」

これを受けて文部省は、その機が熟したとみて「学校養護婦令案」の起草にとりかかる。一九三八（昭和一三）年三月のことであった。

●戦時下の小学校看護婦

長野県内でも学校看護婦を設置する小学校の数は着実に増加していた。橋詰が赴任した年（一九三五年度）には八名であった仲間は、一九三八（昭和十三）年度には十一名、そして一九四〇（昭和十五）年度には二二名にまで拡大している。

しかし一方で、戦線の拡大に比例するかのように、『衛生日誌』から子どもに関する描写が消えていく。戦時色をおびた記事で『衛生日誌』が埋め尽くされていくのである。

「九月五日　火曜日　晴

……第百五十一班要員として野戦病院に活躍していた友が昨日無事帰還の報に接し、実に嬉しく心より祝福する。同じ道にたずさわるため、一層ひきしまった感がする。大いに保健のために働かなければならないと思ふ」

（一九三九年度）

橋詰は、従軍看護婦として召集されていた日赤長野支部看護婦養成所時代の同期生の「無事帰還」をよろこび、感想を率直に記している。

だが、生きて帰って来られる者はまれで、二度と故郷の土を踏むことができない者も少なくなかったようだ。

「三月二十三日　土曜日　曇

大雪のため講堂にて町葬挙行さる。午後一時より尋六以上参列、四柱の忠霊を御葬送する。」

（一九三九年度）

こうして、もはや引き返すことのできない状況へと追い込まれていく。日本がアメリカを相手に真珠湾への奇襲攻撃をかけるのは、一九四一年（昭和十六）年十二月八日のことであった。橋詰はこの日の心境を『衛生日誌』に次のように綴っている。

「十二月八日　月曜日　曇

第一時講堂訓話、英霊御出迎へ。父兄会第二日。この日、米・英に向ひ宣戦の詔勅《しょうちょく》が下される。ラジオの前は息づまる思いで一杯だ。何かしら身内の異常な緊張を覚ゆる。

校長先生のお話は会場を理科室に移して重大なニュースの場合は一同で聞くことにする。忽《たちま》ち快勝の報に一同大喜び。今更ながら世界にはっきり日本の無敵海軍が浮かび上がる。私たちも本当にしっかりやらねばならぬ」

（一九三九年度）

真珠湾攻撃によって幕が切って落とされた太平洋戦争の〝快勝〟を喧伝《けんでん》する、連日の「大本営発表」に、いかに国民が踊らされていたかを『衛生日誌』は教えている。「私たちも本当にしっかりやらねばならぬ」という橋詰の決意が痛々しく、また切ない。

〝銃後の守りは女の手で〟というスローガンにふさわしく、『衛生日誌』のなかに女子青年団の活躍ぶりが登場してくるのもこの頃である。

「十二月十四日　日曜日　雲風寒し

女青団、中尾山へ実弾射撃行き。

十二月十五日　月曜日　雪

……女青年団、午後六時に集合閲兵《えっぺい》」

（一九四一年度）

「七月一日　水曜日　曇
……大詔奉戴日《たいしょうほうたい》午前女子青年団暁天《ぎょうてん》動員。
十月十七日　土曜日　雨
神嘗祭《かんなめさい》、女青団共同炊事の訓練あり。
十二月六日　月曜日　雪
……女青団は上山田療養所慰問」
（一九四二年度）

「物資節約の折から修業証書はなくなり……」（一九三九年度『衛生日誌』、三月二〇日）とあるように、紙不足は深刻な問題となりつつあった。そのあおりは『衛生日誌』にまで及んだのであろうか。一九三〇年度から十三年間にわたって、歴代の学校看護婦（森　輝江、橋詰いさ美）によって綴られてきた松代小学校の『衛生日誌』は、この年で絶筆となっている。

橋詰はその後、家庭の事情を理由に退職を決意する。一九四四（昭和十九）年三月、十年間に及ぶ学校看護婦、養護訓導生活に自らピリオドを打ったのであった。

●幻の「学校養護婦令案」

文部省当局が、一九三八（昭和一三）年三月より「学校養護婦令案」の起草作業を開始していたことは、すでに述べた。

その際、条文の〝下敷〟とされたのは、一九三四（昭和九）年一月に文部大臣・鳩山一郎が学校衛生調査会に対して諮問《しもん》した「学校看護婦（学校衛生婦）令要項」（以下「要項」と略す）であったという（杉浦守邦『改訂・養護教員の歴史』、一二五頁）。「要項」の条文（抜粋）は次にようなものであった。

一．公私立ノ小学校ニ学校看護婦（学校衛生）ヲ置クコトヲ得ルコト

二．学校看護婦ハ学校長ノ監督ヲ承《う》ケ学校衛生ノ実務ニ服スルコト

すなわち、「英米流のスクールナースのように、市町村におかれ各学校を巡回する技術吏員《りいん》の方式はこれをとらず、わが国独自の制度として、学校長の監督下に服する教職員として位置づけ、小学校教員に準じて処遇」（前掲書、一一五～一一六頁）しようとしたのであった。また、第三項では、「学校看護婦免許状」を有することを基礎資格とし、小学校教員と同様、検定によって免許状を授与することをも定めている。

振り返ってみると、〝学校長の監督下に服する教育職員〟という学校看護婦の位置づけは、かつて山口　正（大阪市視学）が第一回大都市連合教育会（一九一六年十一月）で提案した「一校一名専任駐在制」学校看護婦構想にほかならない（プロローグ、第一章）。

学校衛生調査会からの答申は、「要項」の内容をいずれも妥当とするもので、若干の項目を追加しただけで文部大臣の手に届けられたという（前掲書、一一八頁）。

かつて（文部省訓令「学校看護婦ニ関スル件」一九二九年一〇月）身分制定については時期尚早として見送ったことのある文部省当局であったが、このときばかりは意気込みからしてちがっていた。学校長の監督下に属する教育職員を単独の勅令をもって規定するという、これまでに例のないやりかたで学校看護婦の身分・待遇を規定しようとしたのである。

ところが、推進派であった鳩山文部大臣の辞任にくわえ、地方財政の圧迫を危惧する内務省はもとより文部省内にも根強くあった反対論・慎重論に押されて結局は〝お蔵入り〟。せっかくの勅令案も日の目を見ぬまま数年を経過することになるのである（前掲書、一一八頁）。

それから四年、全国の学校看護婦の数はすでに四〇〇〇名（一九三八年四月現在）を超えていた。学校看護婦の団体はもとより各層からの建議や陳情が相次ぐなか、文部省は勅令の制定にむけて再び動きはじめた。本節の冒頭に述べた「学校養護婦令案」の起草作業がそれである。

早くもその年（一九三八年）五月には、文部省内で成案がまとめられている。あとは新設（一九三八年一月）されて間もない厚生省の同意を得るだけである。思えば長い道のりであった。

ところが、「ようやく……」と思いきや、それも束《つか》の間、「学校養護婦令案」は頓挫《とんざ》を余儀なくされることになる。その前に立ちはだかったものは、一つには、衛生行政の将来構想にかかわるとして強い抵抗の姿勢を示した厚生省の壁、いま一つは、単独の勅令として規定することに対して難色を示した法制局の壁であった（前掲書、一二六～一三一頁）。

学校看護婦が「訓導」と並ぶ「養護訓導」という名称で教育職員の一人として位置づけられるのは、それから二年後の一九四一（昭和一六）年三月に公布された「国民学校令」制定のときであって、そこの一部に含めるかたちで法制化されたのである。

単独の勅令によって学校看護婦の身分・待遇を規定しようとする企《くわだ》ては、その後も実現することはなかったし、文部省当局からも再びもちあがることはなかった。

しかし、振り返ってみて、もし勅令によって「学校養護婦」という職制が与えられていたならば、今日のような「養護教諭」は存在しなかったかもしれない。

次章では、「養護訓導」の職制成立に至るまでの経緯を、一九三〇年代初頭までさかのぼってみてくことにしたい。

コラム

「研究方法論ノート」⑨

眠っていた「みかん（未完？）箱」

すでに述べてきたように、《養護教諭成立史研究》は、わたしが修士論文に取り組んでいた頃からのテーマであり、「ライフワークのひとつ」と考えてきたものでもあった。にもかかわらず、それまで収集してきた資料をずっと「みかん（未完？）箱」のなかに眠らせたまま、別の仕事（現在も、研究時間の大半を現場の先生方との共同による〝保健の教材・授業づくり〟や児童・生徒および父母・教職員を対象とした〝授業実践〟に当てている）に力を注いできた。もし担当編集者がこの企画を勧めてくださらなかったら、あとまた数年くらい、このテーマと向きあわないでいたかもしれない。

発見！　研究生活一年目の〝総括メモ〟

「みかん箱」にして三杯分、フタまでぎっしり詰まった資料類を整理していた時のことである。雑誌や新聞のコピーのすきまから、「わたしの学校保健史研究の課題と方法」というタイトルがつけられた一枚のレポート（B4版）を発見したのである。

「一九八六・三・一九」という日付がある。就職した年、本格的な研究生活一年目の総括として、同僚の先生方に自己紹介のつもりでお渡しした、そのオリジナルである。

構成は、「一、わたしの研究関心領域とテーマ」「二、今後の研究テーマ（焦点・軸）」「三、当面（二〜三年）の研究課題」の三つの柱からなっている。

「研究関心領域とテーマ」を確認する

「問題意識」を次のように記している。

「現代学校の基本任務の一つとして《子どもの安全・健康への配慮》の問題をどう位置づけるか」と、そして「研究対象」として「① 〝担い手〟としての養護教諭の歴史 ②日本における学校保健の歴史」の二つをあげ、それぞれについて次のような「研究の視角」を設定している。

①（一）学校衛生が教育活動にとって不可欠であるという認識が教育現場に浸透していく過程に着目する――→「一校一名専任駐在制」学校看護婦の成立過程

（二）「医学的なもの」のなかに「教育的なもの」を見つけ出す観点――→学校看護婦・養護教諭の実践のなかに〝教育性の内実〟を探る

②（一）教育と医学の対立・衝突の事実に着目する――→学校衛生顧問会議とそれをとりまく教育界の分析

（二）日本の教育学における「子どもの健康・身体の問題」の位置づけ――→教育学者の学校衛

生観の検討

（三）学校衛生プロパーの理論家が展開してきた学校衛生論のなかに「教育としての学校衛生（竹村一）論」につらなる系譜を探る

「当面の課題」は何であったか？

当面、「学校衛生顧問会議の研究に集中して取り組む」として、次の三つをあげている。

①学校衛生顧問会議の成立事情の解明……メンバーたちの〝人間模様〟と医学界の相克《そうこく》に着目しつつ

②メンバーたちの学校衛生構想の分析（三宅秀、三島通良、小池正直らを中心に、とりわけ「学校医」制度構想にかかわって）

③学校衛生顧問会議の廃止事情の解明（「学校医」制度の不備とトラホームの蔓延、三島「学校衛生論」の破綻、学校看護婦の誕生）

養護教諭成立史研究と〝わたしの夢〟

執筆作業をおこなっていくなかで、《養護教諭成立史研究》としてぜひ取り組んでみたいテーマのひとつとして、「岐阜県における学校看護婦の成立と展開」があることに気づかされた。

もちろんこれは、わたしが現在、岐阜大学に籍をおいていることと無関係ではない。それにしても、「竹ヶ鼻小学校・笠松小学校」「京町小学校・明徳小学校」「広瀬ます」「山田永俊」「岐阜県学校看護婦会」などなど、本格的に調査・発掘しなければならない事柄が山積みしている。

岐阜県の養護教諭の方々と共同で取り組めたら……。わたしの夢でもある。

第十章

「養護訓導」職制の成立

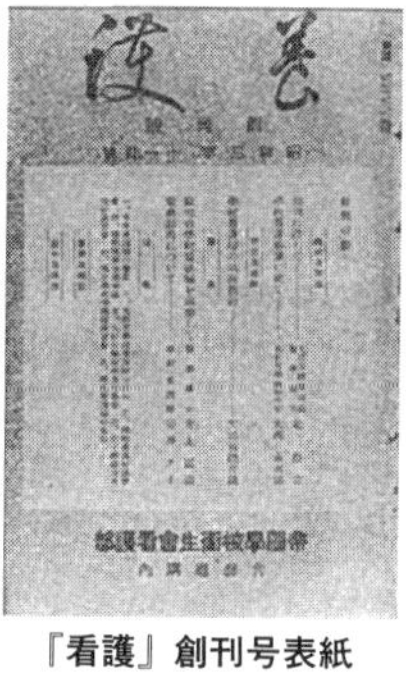

『看護』創刊号表紙

●はじめに

学校看護婦の職務をどう規定するかは、すでに一九二〇年代初頭から、文部省にとっての懸案事項となっていた。

文部省では、学校看護婦の将来像を確定していくための〝実験〟として、一九二二（大正十一）年六月、東京女子高等師範学校附属小学校と同附属幼稚園にそれぞれ一名ずつ学校看護婦（矢尾板ヨキ、依田春子）を派遣、また、翌一九二三（大正十二）年六月には、東京都豊多摩郡渋谷町役場に一名の学校看護婦（篠本フク）を勤務させている。

前者は、《学校長の監督下にあって、教員と同じく児童生徒の指導にあたる職員》であり、後者は、町内にある全部の小学校を巡回して、主として病気欠席児童の家庭訪問にあたる《市町村役場の吏員《りいん》》である。これら二つのタイプは、まさに対照的ともいえる勤務形態をとっていた大阪市と東京市のそれぞれの学校看護婦をモデルにしたものであった。

この実験の結果は、あとで詳しくみるように、学校看護婦の将来構想に大きな影響をあたえていくことになる。

本章では、一九四一（昭和十六）年二月に「養護訓導」職制が成立するまでのプロセスを、文部省の動きに焦点をあてながらみていくことにしたい。

●学校看護婦職務規程

〝大阪型〟か〝東京型〟か、決着はあっけないほど簡単についた。後者のタイプはわずか半年で廃止の憂き目を見たのである。

これに対して前者のタイプは、しっかりと学校現場に根づいて、その後も途切れることなく存続していくことになる。

渋谷町での学校看護婦の廃止がきまった頃（一九二三年一一月）、全国学校衛生主事会議が開催されている。この場で文部大臣より「学校看護婦の適当なる普及方法及職務規程如何」という諮問が出されている。全体会の審議を経て提出された答申文には「学校看護婦職務規程」も含まれていた。以下のものがそれである。

・学校看護婦職務規程

第一条　学校看護婦は学校長の監督を受け学校医の指揮に従ひ其《その》職務に服すべし

第二条　学校看護婦の勤務は校規の定むる所に従ひ教員に準ず

第三条　学校看護婦は左の事項に付《つき》学校医の職務を補助すべし

（一）　簡単なる疾病の手当

（二）　学校伝染病予防処置

（三）　定期及臨時身体検査補助
（四）　校外教授、遠足、修学旅行、休暇聚落、水泳、海水浴等の衛生事項
（五）　児童の衛生的観察
（六）　体操其《その》他の学科の軽減及欠課を要する者の注意
（七）　月経時の注意及処置の指導
（八）　身体、被服、携帯品等の清潔検査及指導
（九）　学校給食及中食に対する注意
（一〇）　校内視察
（一一）　其他必要なる事項
第四条　学校看護婦は必要により家庭看護法の実習指導をなすべし
第五条　学校看護婦は学校長又は学校医の旨を受け家庭訪問をなし児童の発育、健康増進及疾病手当等に就きて其の家庭と密接なる連絡を図るべし
第六条　学校看護婦の執務に関し必要なる表簿凡《およ》そ左の如《ごと》し
疾病事故手当簿、清潔検査簿、校内視察簿、家庭訪問録、執務日誌児童名簿、疾病及異常者名簿
第七条　学校看護婦は学校長に日々執務状況の報告をなすべし。尚《なお》毎月業務報告書を調製し学校医の検閲を受け学校長に提出すべし

（杉浦守邦『改訂・養護教員の歴史』九六〜九七頁より再引用）

職務にあたっては「学校長の監督を受け」（第一条）、勤務形態については「教員に準ず」（第二条）としている点に注意したい。〝大阪型〟を選択したのである。

全国学校衛生主事会議からの答申とはいえ、文部大臣に対して提出された初めての〝学校看護婦の職務に関する規程〟である。「養護訓導」職制の成立までには、あと二〇年の歳月を必要とするのであるが、この「学校看護婦職務規程」がそこに至るまでの道程の確かな〝一里塚〟であったことにあらためて気づかされるのである。

●文部省と帝国学校衛生会「学校看護部」

文部省の動きは、先の「学校看護婦職務規程」の答申と前後して急激に高まっている。杉浦守邦氏の著書『改訂・養護教員の歴史』（東山書房、一九八五年）所収の年表より、学校看護婦にかかわる文部省関係の動きをピックアップしてみよう。

・一九二四（大正一三）年二月　学校看護婦普及のため「学校衛生主事会議の答申」および「学校看護婦執務指針」を地方庁に配送す

・同　　　　年三月　第一回学校看護婦対象学校衛生講習会開催

・　　　同　　　年五月　第二回学校看護婦全国調査を実施、三一六名と発表
・一九二五（大正一四）年三月　第二回学校看護婦対象学校衛生講習会開催
・　　　同　　　年五月　第三回学校看護婦全国調査を実施、五〇四名と発表
・一九二六（大正一五）年二月　第三回学校看護婦対象学校衛生講習会開催
・一九二七（昭和二）年三月　第四回学校看護婦対象学校衛生講習会開催
・　　　同　　　年五月　学校看護婦全国調査を実施、総数九七一名
・一九二八（昭和三）年三月　第五回学校看護婦対象学校衛生講習会開催

こうしたなかで、学校看護婦団体を全国的に組織化していこうとする動きがおこってくる。文部省学校衛生課の外郭団体である帝国学校衛生会（会長・三宅　秀）が「学校看護部設置趣意書」を配布して会員の募集を開始するのは、一九二八（昭和三）年四月のことである。

長い引用になるが、その全文を紹介しておく。

「学校看護部設置趣意書

近年我国の学校衛生は非常なる進歩を来たし、中にも学校看護に関する方面は、文部当局の格別なる奨励に依《よ》って、最近数年間に著しき進歩を見まして、学校衛生の重要部面を担当するに至り、学校看護婦の数も既に千余名を算するに至りましたことは、洵《まこと》に喜ばしいことであり

ます。然《しか》しながら、学校看護の事業は我国では未だ創業の時代であり、前途尚《な》ほ遼遠でありまして、この事業の完成には少なくとも三万の専任者を必要とする見込であります。

尚《な》ほこの事業の本質は普通の看護事務と異なり一種の教育事業であります。従来学校看護婦の設置を見たる場合にも、往々本人は素《もと》より、之《これ》を指導すべき学校当局や学校医の間にも、学校看護事業の目的、範囲、執務の実際等に関し、充分なる理解が無かった為、予期の成績を挙ぐること能《あた》はず、折角《せっかく》の企《くわだて》も中途之《これ》を廃止するの已《や》むなきに至った事例も少なくないのであります。斯《かく》の如《ごと》きは甚《はなは》だ遺憾の次第でありまして、何《いず》れも将来に於《おい》て学理を基礎として其《そ》の実際を研究し、益々《ますます》良好の成績を挙《あ》ぐるに努めねばならぬのであります。本会は茲《ここ》に見るところあり、今秋行はせらるる御大礼を記念するために本会内に学校看護部を特設し、左記規約に基《もとづ》き洽《あまね》く学校看護に関係ある諸賢と共に相携へて、業務の研究其《そ》の他の事業を行ひ、聊《いささ》か斯道を発展に資せんとするものであります。

既に学校看護事業に従事せらるる諸姉は勿論、広く学校職員、児童保護者、一般看護婦、其他児童の愛育、保護、衛生を念とせらるる方々の奮《ふる》って入会あらむことを切望するものであります。

昭和三年四月

文部省構内　帝国学校衛生会　」

（杉浦守邦『改訂・養護教員の歴史』七八頁より再引用）

この呼びかけに応えて、「同年十月には約五〇〇名の加入を得た」（前掲書、七九頁）といわれており、同会はこれに勢いをえて、翌年の一一月には月刊誌『養護』を創刊、またその翌年（一九二九年）三月には「第一回　全国学校看護婦大会」を開催することになるのである。

●『養護』のなかの学校看護婦と子ども

一九二八（昭和三）年十一月に、帝国学校衛生会看護部の機関誌として創刊された『養護』は、その後『学童養護』（一九三三年一月号より）と改題されたものの、一九三七（昭和十二）年十二月まで毎月一回欠かすことなく発行された（前掲書、八〇頁）。

学校看護婦のための専門雑誌としての性格がよくあらわれているのは、各地の学校看護婦から寄せられた〝実践報告〟である。全国に点在し、かつ一校にひとりの学校看護婦にとって、毎月の『養護』に掲載される〝まだ見ぬ同志〟からの便りは、どんなにか励みになったことだろう。

たとえば、野原喜知《のはらきち》（埼玉県師範学校附属小学校）は「偽らざる……私の日課」という報告のなかで、次のように述べている。

「毎日力の足りぬ上に勇気もなく、そのために不安な生活のみいたして居《お》ります私は学校のために申しわけないといふ自責の念と、何とかしてもう少し有意義な日々を過ごしたいといふ心で落ちつかぬ生活がとうとう二ヶ年も過ぎようとして居ります。此《こ》の時に『養護』の発刊をいただきまして本当に力附けられ、何だか負け戦に味方を得たとでもいつたような感じがいたして居ります」

（『養護』二巻四号、一九二九・四、一六頁）

野原はこれに続けて、学校での日課を詳しく報告している。感心させられるのは、野原がそのありふれた日常のなかの子どもとのかかわりをとおして、〃教育職員としての学校看護婦〃のあるべき姿をつかみとっている点である。そのいくつかを紹介してみたい。

「出来得る限り休養児童（頭痛、腹痛、発熱）等は私が家庭迄《まで》送り届けいたします。それで父兄にいろいろと子供さんの様子（主として身体に関すること）をきかせていただいて参考にいたし、また受持の先生にも此《こ》のお話をいたします。私の行ひます家庭訪問は、別に改めて行ひますよりも、かうした場合の方が数多いのでございます」

（前掲書、一九頁）

「お休み時間や放課後に、色々な用事のために私のところへ来ます児童は、私を、（中略）いはば先生とお友達の間のもの位の対象物と考へましてか、誠に正直な、赤裸々なお話など、（中略）殆ど心のそのままな言葉や行動を見ることが出来ます。（中略）担任の先生も御存知ないやうな家庭的事情をお話してくれますとか、諸方面に児童の生活状態を知る場合が多いものでございます。（中略）かうしたむきだしの児童の性格の一端なりを、先生方にお話いたしますと、存外児童を教導なさいます上に、先生方のよい御参考となりますものでございます。

三分や五分の児童との接近も、何か意義あらしめなければと考へて居りましたところ、こんなことに気附きましたので、恥かしながら皆様の前にお告げいたします」（野原喜知「学校看護と児童の個性」、『養護』二巻八号、一九二九・八所収、二八〜二九頁）

また坂田照子《さかたてるこ》（福岡市大名小学校）の「衛生訓練実施後の私の感想」（二巻三号、一九二九年三月号）という報告には、坂田の衛生教育を受けた子どもの感想も掲載されていて興味深い。

「衛生教育を受けし以後の感想　　　　第六学年　松村寿子

私達が六年生に進級して、坂田先生が此《こ》の学校にいらつしやいました。其前までは、余り衛生といふことは発達していませんでしたが、先生がいらつしやつてからは、咀嚼《そしゃく》訓練、歯磨訓練、衛生講話等を実施せられ、学校衛生、児童衛生が日々に向上発達して来ました。

最初私は衛生の意義を知らなかったけれどお話により『生命を衛《まも》り育てる』といふことが分かりました。私は坂田先生がいらつしやない前は、大変体が弱く何時も学校を欠席して居りましたが坂田先生の衛生教育によつて衛生の必要を感じ、自己の生命を衛るやうになつて以後は、身体も壮健になり、毎日面白く愉快に、学びの庭にいそしんでいます。」　（二四〜二五頁）

雑誌『養護』は、学校看護婦たちが自らの日常の実践を交流しあう〝広場〟の役割を果たしていた。にもかかわらず、職制の確立にむけていよいよという時期になって廃刊を余儀なくされることになるのである。

●国民学校令と養護訓導執務要項

『養護』（後に『学童養護』と改題）が廃刊された一九三七（昭和一二）年以降、国民学校令の制定によってその一部にふくめるかたちで「養護訓導」の職制が法制化されるまでの政府・文部省の動きについては、前章で紹介した。

国民学校令（一九四一年二月）のなかの「養護訓導」関係の規定を抜粋しておこう。

「第一五条　国民学校ニハ学校長及訓導ヲ置クベシ国民学校ニハ教頭、養護訓導及准訓導ヲ置クコトヲ得

第一七条　訓導及養護訓導ハ判任官ノ待遇トス訓導ハ学校長ノ命ヲ承《う》ケ児童ノ教育ヲ掌《つかさど》ル養護訓導ハ学校長ノ命ヲ承ケ児童ノ養護ヲ掌ル

第一八条　養護訓導ハ女子ニシテ国民学校養護訓導免許状ヲ有スルモノタルベシ養護訓導免許状ハ養護訓導ノ検定ニ合格シタル者ニ地方長官之《これ》ヲ授与ス

（杉浦守邦『改訂・養護教員の歴史』一三三頁より再引用）

すなわち、これによって、①「教育職員」の身分・待遇を与えること、②「国民学校養護訓導免許状」を有することを基礎資格とし、他の教員同様、検定によって免許状を授与することが、法的に確立したのである。

翌年（一九四二年）七月、「児童ノ養護ヲ掌ル」教育職員としての職務内容の大綱を示した「養護訓導執務要項」が、文部省訓令として出される。その内容は、次のようなものであった。

「養護訓導執務要項（昭和一七・七・一七、文部省訓令第一九号）

皇国民ノ基礎的錬成ヲ為《な》ス国民学校ニ於《お》テハ児童ノ衛生養護ヲ完《まっと》ウシ体位ノ向上ヲ図ル為養護訓導ノ制度ヲ設ケタリ　養護訓導ノ職務ニ関シテハ国民学校令ニ於テ規定セラレアルモ今般養護訓導執務要項ヲ左ノ通リ定メ其《そ》ノ職務執行ニ遺憾ナカラシメントス……

一　養護訓導ハ常ニ児童心身ノ情況ヲ査察シ特ニ衛生ノ躾《しつけ》、訓練ニ留意シ児童ノ養護ニ従事スルコト

二　養護訓導ハ児童ノ養護ノ為概《おおむ》ネ左ニ掲クル事項ニ関シ執務スルコト

イ　身体検査ニ関スル事項

ロ　学校設備ノ衛生ニ関スル事項

ハ　学校給食其ノ他児童ノ栄養ニ関スル事項

ニ　健康相談ニ関スル事項

ホ　疾病ノ予防ニ関スル事項
ヘ　救急看護ニ関スル事項
ト　学校歯科ニ関スル事項
チ　要養護児童ノ特別養護ニ関スル事項
リ　其ノ他児童ノ衛生養護ニ関スル事項
三　養護訓導ハ其ノ執務ニ当リ他ノ職員ト十分ナル連絡ヲ図ルコト
四　養護訓導ハ医務ニ関シ学校医、学校歯科医ノ指導ヲ承《う》クルコト
五　養護訓導ハ必要アル場合ニ於テハ児童ノ家庭ヲ訪問シ児童ノ養護ニ関シ学校ト家庭トノ連絡ニ力《つと》ムコト　」

（杉浦守邦『改訂・養護教員の歴史』一三五〜一三六頁より再引用）

●おわりに

「養護訓導」への「身分の変更にともなって、職務内容の整理を学校看護婦層自身の手で、十分な検討の下に実施されるべき」（杉浦守邦『改訂・養護教員の歴史』一三三頁）肝心な時期に、学校看護婦の専門誌であった『養護』がすでに廃刊となっていたことは、前に述べた。

『養護』の発刊を、「何だか負け戦に味方を得た」と評した学校衛生婦・野原喜知（前出）にみられるように、一九三〇年代にあって学校看護婦たちが自らの〝教育性の内実〟を自覚していくうえ

で、専門誌が存在する意義はけっして小さいものではなかった。それだけに『養護』廃刊の痛手は想像以上に大きかったにちがいない。

次章（エピローグ）では、戦後の養護教諭がそうした教訓をふまえ、仲間とともに自らの仕事の内実を明らかにしていこうという歴史にも言及しつつ、養護教諭の未来像について述べてみたい。

コラム

「研究方法論ノート」⑩

古くて新しい問題（その一）

雑誌『養護』に掲載された一九三〇年代の学校看護婦たちの実践報告を読んでいて、「なんだ、この頃にもうこんなことが主張されていたのか」と気づかされることが少なくなかった。瀬川明子《せがわあきこ》（兵庫県御影師範学校附属小学校）の「衛生教育について」（三巻五号、一九三〇年五月）もそのひとつ。

瀬川は、仕事をやっていこうとするとき障害となっていることは、「現在の世の中では学校看護婦は先生より一段卑しい位置にあると考へられていることである」（九頁）として次のように述べている。

「これは概して年の行かないものの多いことや履修いたしました学業経歴が低いからで、この点は我々はもとより当局の方々も御一考を煩《わずらわ》し度《た》いと存じます」（九頁）

そして「当局」にむけて「救済策」を説くのである。

「現職のものは互いに相戒《いさ》め相励みして修養を積み、今後新たに学校看護婦にならふとする人等の学力なり修養なりをぐつとたかめ、少なくとも女子師範学校卒業と同等にするやう御尽力を願いたいと存じます」（九頁）

職制六〇周年をむかえたというのに、それよりもはるか以前からの、この学校看護婦たちの切なる願いは未《いま》だに実現されていない。

古くて新しい問題（その二）

大阪市学校衛生婦〝半減〟問題で揺れ動いていた頃、衛生行政家たちから「総合ヘルスセンター」構想が提唱されている。その要点は次のようなものであった。

①都市の衛生行政において統一化して合理化する必要があるものに学校衛生がある。
②今日いずれの国においても一人の衛生婦は数校を担当しており、日本のように一人一校に専任しているところは米国にもない。
③そこで一学区を基礎とする「ヘルスセンター」を設け、各校の学校看護婦をそこへ引き上げさせて、たとえば午前は学校を巡回し、午後は乳幼児保護にあたらせるべきである。
④「学校衛生看護婦の仕事の現状を知る者は此《こ》の我国の一般衛生施設に不釣合に充実せる学校衛生看護婦をヘルスセンターに引き上ぐる事に異議がない事と思ふ」
(野辺地慶三「都市衛生の能率増進策」、宮島幹之助「都市衛生改善の一考察」、いずれも『都市問題』一四巻三号、一九三二年三月所収)

前章でもふれた、「学校養護婦」勅令への厚生省の抵抗も、背景にそうした論理があったものと推察できる。

そうした外圧にもかかわらず、文部省は「一校一名専任駐在制」学校看護婦の方針を堅持し、むしろ学校における不可欠な構成員である教育職員として発展させようとする姿勢を譲らなかったのである。

不況・財政難の時代に、こうした「合理化」案が必ず頭をもたげてくることは、歴史が教えている。いつまた近い将来、出されてくるやもしれない。「合理化」攻撃をはねかえす力はどこにあるのか。

そうした視点で「養護訓導」職制の成立過程に深く学んでいくことが求められている。

古くて新しい問題（その三）

一九四一（昭和一六）年二月の「国民学校令」制定当初は「……養護訓導ヲ置クコトヲ得」（第一五条）となっていたが、一九四三（昭和一八）年六月の改訂で「……養護訓導ヲ置クベシ」（第一五条）と改められた。しかし同時に、附則に次の一項が挿入されたのであった。

「養護訓導ハ当分ノ内第十五条第一項ノ改正規定ニ拘《かかわ》ラズ之《これ》ヲ置カザルコトヲ得」

この規定は、よく知られているように、国民学校令が廃止されたあとも、学校教育法の第一〇三条として引き継がれ今日に至っている。

いまだにこの附則を楯にとって養護教諭の任用を遅延させている自治体もある。

これまた古くて新しい問題といえる。

〝歴史のリレーランナー〟として、次の世代に確かなバトンを手渡していきたい。現状を変革し、未来を展望するために、いまこそ〝養護教諭の歴史〟を学習しよう！

エピローグ

歴史に学び、養護教諭の未来を拓く

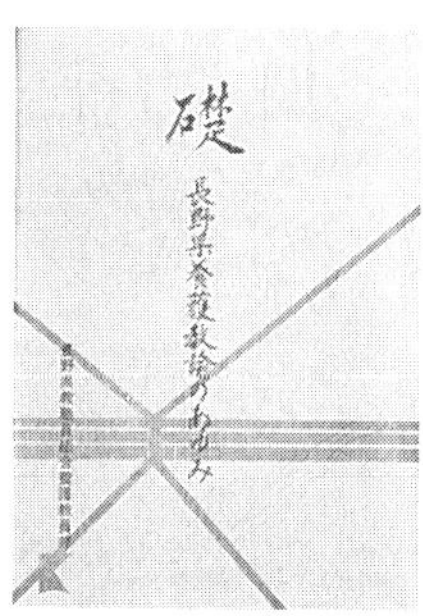

『礎』表紙

●はじめに

大阪市北区済美学区内の小学校六校すべてに一校一名の割（「一校一名専任駐在制」）で学校看護婦が配置されたのは、一九二二（大正十一）年四月のことである。それから約二〇年。幾度もの流産を体験しながら難産の末に誕生した「養護訓導」職制であった。

だが、種はすでに一九〇〇年代初頭にまかれていた。岐阜の地で初めて芽吹いた学校看護婦の種は、その後、全国各地に飛散し、それぞれの土壌で育まれながら着実に成長して、ついに「一校一名専任駐在制」学校看護婦の〝一輪の花〟を大阪の地に咲かせていく。

「養護訓導」職制の成立をみてから六〇年の歳月が経過した。その間、学校教育法（一九四七年）によって「養護訓導」職制は「養護教諭」と改称されて現在に至る。

本章では、これまでの章をもとに、「養護訓導」職制の成立までの学校看護婦のあゆみをあらためて振り返ってみたい。

●〝教育職員〟か〝衛生吏員《りいん》〟か――二つの学校看護婦構想

都市・地方を問わず、一校に一名の専任学校看護婦を設置するこの構想は、山口　正（当時・大阪市視学）が、一九一六（大正五）年一一月に発行された雑誌『小学校』（第二二巻三号、教育学術研究会）に発表した論文「学校看護婦」のなかで提案したものである。欧米の学校看護婦制度（彼は学校看護婦の本務を「学校児童の教育的養護」ととらえていた）に学びつつ、わが国の学校衛生の実情と導入に際しての困難点（多大な経済的負担）を十分に考慮したうえでの提案であった。従来の《トラホーム洗眼を主任務とする学校看護婦》とは明らかに異なる学校看護婦像が提出されたのであった（プロローグ）。

山口の「学校看護婦」構想は、間もなくして開催される「第一回・大都市連合教育会」での大阪市からの提案として討議に付され、採決の結果、過半数を得て可決される。「大阪提案」は翌年（一九一七年）の「第二回・大都市連合教育会」までに東京市教育会によって具体化され、①趣旨②名称　③採用　④定員　⑤服務の五項目からなる「児童看護婦」設置構想（「東京報告」）が明示されたのである（第一章）。

「一校一名」の学校看護婦を「学校長の指揮下」に常勤職員の形態で置く

大阪市北区済美学区の小学校すべてに一名ずつ「学校衛生婦」が配置されるのは、その五年後のことである。わが国最初の「一校一名専任駐在制」学校看護婦の出現であった。

一方、山口の構想が発表されたのとほぼ同じ時期に、もう一つの学校看護婦構想を提案する者があらわれている。石原喜久太郎（当時、文部省学校衛生取調事務嘱託）である。

石原は、一九〇〇年代初頭の「学校衛生〝冬の時代〟」の〝リリーフエース〟として、劣勢をはねかえすべく歴史のマウンドに登場する。二年一〇カ月間の欧州での学校衛生視察、とりわけ「自治体ニ根底ヲ確立シテ」いるドイツでの学校衛生のあり方に〝あるべき学校衛生の姿〟を見い出した石原は、「学校衛生革新論」の一つの柱として「学校と家庭との間に立って児童の健康保護を執《と》り「学校と家庭とを同時に改良して行く」ことを掲げ、その担い手として「学校看護婦」を構想したのであった。

石原がモデルとした「シャロッテンブルグ式の学校看護婦」の職務内容の第一番目には、「学校から勧告した事を家庭が行なわない時は、看護婦が家庭を訪れ、事情を医者に報告して、医者の指揮によって医療を受けさせる」とあり、それはいわば「家庭訪問」を中核的な仕事とする児童対象の訪問看護婦であった（第四章）。

石原が著書のなかで「其《その》時期ノ到来ヲ鶴首《かくしゅ》シテ期待ス」（『石原学校衛生』一九二〇年、吐鳳堂、二九七頁）と述べた「家庭と学校の間に立って児童の健康保護を執」ることを主任務とする「学校衛生婦」は、間もなく東京市直営小学校で実現する（一九二二年四月）。

ここに〝大阪型〟〝東京型〟の二つのタイプの学校看護婦が、ほぼ時期を同じくして歴史の舞台に登場することになるのである。

《学校長の監督下にあって、教員と同じく児童の指導にあたる職員》とする〝大阪型〟か、《小学校を巡回して、主として病気欠席児童の家庭訪問にあたる、市町村役場の衛生吏員》とする〝東京型〟か。その選択は、今後の学校衛生のあり方を左右する重大問題であっただけに、文部省も直ちに〝実験〟に取りかかった。

決着はあっけないほど簡単であった。〝東京型〟が廃止の憂き目をみたのに対して、〝大阪型〟は広く教育現場に浸透し、学校看護婦の努力とあいまって社会的承認を得ていく。

文部省の腹は固まった。「一校一名専任駐在制」学校看護婦の普及にむけて、文部省は法制化の準備を開始することになるのである（第一〇章）。

〝地域〟と〝中央〟――地域学校看護婦史の意義

本書ではこれまで、岐阜、長野、大阪の各地域での動きにも焦点をあて、それぞれの地域における子どもの健康実態に対して学校看護婦はどんな役割を果たしたか、その実践の足跡について述べてきた。

各地域での取り組みは、いずれも〝冬の時代〟にあって、これまで中央主導ですすめられてきた学校衛生を地域の現実に立って問い直し、〝あるべき学校衛生の姿〟を模索するなかで生まれたものであったといえる。

例えば、岐阜市内の小学校では、学校看護婦の全校配置をすでに一九二三（大正十二）年に終えている。岐阜におけるこうした学校看護婦のあゆみは、地域住民に親しまれ、父母の手で碑まで建《こん》立《りゅう》された「広瀬ます」という一人の学校看護婦の生涯にみられるように、トラホーム洗眼治療のための緊急避難的対策として小学校に派遣された看護婦が、やがて学校衛生の重要な担い手（「専任学校看護婦」）として自己形成をしていくまでのプロセスを示すものとして興味深い。くわえて、学校看護婦事業をバックアップした山田永俊という人物の役割も見逃せない（第三章）。

一方、長野での学校看護婦は、日本赤十字社の派遣事業としてスタートしている。その〝草分け〟として意欲と使命感に燃えて学校に赴任した二人の学校看護婦──「倉島くらじ」と「熊井ふずえ」──の生涯は、学校看護婦が教育の現場で〝認知〟を受けることがいかに困難の多いことであり、幾多の差別・偏見とたたかい、それらを克服しなければならなかったかを私たちに伝えている（第六章）。

また、歴代の学校看護婦が一〇数年にわたって綴りつづけた松代小学校『衛生日誌』は、その時代の学校衛生事情だけでなく、学校看護婦のそのときどきの思いも伝えていて興味深い。地域養護教諭史研究における第一級の史料としての価値をもつものであり、それだけに数十年もの長きにわたって大切に保管してこられた松代小学校教職員の姿勢には敬服させられる。と同時に、全国に先駆けて地域養護教諭史研究に取り組み、『礎　長野県における養護教諭のあゆみ』（一九八四年）刊行という偉業を遂げられた長野県教職員組合養護教員部（当時・坂口せつ子部長）にあらためて敬意を表したい（第八章、第九章）。

ところで、養護教諭成立史のなかの最大の事件といえば、なんといっても「大阪市学校衛生婦

〝半減〟問題」であろう。文部省が教育職員として法制化する腹をすでに固めはじめていた、まさにそのとき（一九三二年）、しかもそのモデルである大阪市の学校看護婦を〝首切り〟のターゲットとする合理化案が大阪市市議会に提出されたのである。

これに対して、当事者である大阪市内のみならず全国各地の学校看護婦が結集し、猛烈な勢いで市当局に撤回をせまったのである。そしてついには文部省までもが〝半減〟案を批判するに及んだのであった。

結果は、〝雨降って、地固まる〟。半減をくい止めたのみならず、全校配置を守り抜き、市当局に対し「学校保健衛生の最も適切な機関」としてその意義を改めて確認させるといった成果を勝ちとったのであった。

中央の動きに着目しているだけでは、養護教諭成立史を理解することは困難である。「大阪市学校衛生婦〝半減〟問題」の経緯は、私たちにそのことを教えている（第七章）。

●〝集団〟の形成と専門誌〝の存在――力量形成の条件

単数配置である学校看護婦にとって、日々の仕事上の悩み語り合う仲間を求める気持ちは切実であったにちがいない。

松代小学校の『衛生日誌』（記録者・橋詰いさ美）のなかにこんな記載があったことを思い出す。

「五月二十五日　月曜日
六郡教育会（中略）飯山から南条（南沢）さん、須坂から鈴木さんなど見え、お互いに学校衛生に関し、語り合ふ事の出来た事を感謝する。とにかく当校としては一番の急務は彎曲《わんきょく》児童の姿勢を直すことであろうと思う。学校給食についても煩雑で割合実績が挙がら《(ママ)》ぬらしいお話であった」（一九三六年度）

仕事を同じくする仲間との語らいは、どんなにか楽しく、またそれによってどれほど勇気づけられたことだろう。しかも、ただ悩みを打ち明けることでよしとしていない。子どもの実態を交流することを通して、学校衛生の課題や自らの役割について積極的に意見交換をしようとする姿勢をそこからうかがうことができる。

しかし、地理的な制約はいかんともしがたく、日常的な交流は望むべくもなかった（第八章）。その点で、大都市の学校看護婦は比較的恵まれていたといっていい。例えば、大阪市では市当局によって市内の「学校衛生婦」の活動状況が集約され、それらは『学校衛生実務録』として編纂《へんさん》されている。誌上を通しての交流は、おそらくそれにとどまることなく、地の利・交通の便をいかして仲間を直接訪れる「学校衛生婦」もいたにちがいない（第七章）。

地方都市に勤務する学校看護婦にとっては、一九二八（昭和三）年に創刊された雑誌『養護』（帝国学校衛生会看護婦の機関誌）がほとんど唯一の文献的情報源であったといえる。

野原喜知（埼玉県師範学校附属小学校）が、投稿論文「偽らざる……私の日課」のなかで学校看護婦の『養護』に対する熱い思いを次のように語っていたことが思い出される。

「毎日力の足りぬ上に勇気もなく、そのために不安な生活のみいたして居ります私は学校のために申しわけないといふ自責の念と、何とかしてもう少し有意義な日々を過ごしたいといふ心で落ちつかぬ生活がとうとう二ケ年も過ぎようとして居ります。此《こ》の時に『養護』の発刊をいただきまして本当に力附《ちからづ》けられ、何だか負け戦に味方を得たとでもいったような感じがいたして居ります」（『養護』二巻四号、一九二九・四・一、六頁）

『養護』は、学校看護婦たちが自らの日常の実践を交流しあう〝広場〟の役割を果たしていたのである。にもかかわらず、職制の確立が日程にのぼりはじめる、まさにその重大な時期に、廃刊となる。学校看護婦の仕事の〝教育性の内実〟がいよいよ問われはじめようとしていた時期だけに、その痛手は取り返しのつかないほど大きなものであったと思われる（第一〇章）。

日々の実践を交流できる集団の形成と専門誌の存在。それは点在する学校看護婦たちのの力量形成にとって不可欠の条件であった。

●まとめにかえて――養護教諭の確かな未来像のために

「学校教育法二八条に養教は児童の養護を掌《つかさど》ると書かれています。しかし養護を掌るとは一体どのような事をいうのでしょうか。この養護を掌るという不明確な規定で私たちはそれぞれの力量で各職場の実態にそってやってきたものの一体どうする事がほんとうに専門性を生かした主体的な執務なのか、本来の姿なのか、深く掘り下げて考えて見たことがありませんでした」（『小さき流れとなって』京都・健康教育サークルひとみ、一九八七年、二頁）

一九六〇年代中頃「保健主事」の任命制が叫ばれるなかで、京都の養護教諭が府下の仲間たちにサークルの結成を呼びかけたときの「サークル発足にあたって」という文書である。「一九六五年六月二三日」の日付となっている。

今日では、たしかに数えきれないほどの専門誌や書籍が出版され、一つひとつ丁寧に目を通していられないほどの情報が巷にあふれているといっていい。セミナー・研修会も各地で開催されるようになった。「教員のなかで養護教諭が一番勉強している。本もたくさん買っていく」という声を耳にすることも少なくない。

しかしその反面、養護教諭一人ひとりが孤立しているということはないだろうか。仲間のなかで個人が成長するといった意味での「集団」となっているだろうか。個々の養護教諭の力量の高まりが養護教諭の専門性の確立に本当につながっているだろうか。そんな疑問がときどき頭をもたげることがある。

たしかに時代は変化している。養護教諭の存在意義もかつてとはくらべものにならないくらいに大きくなっているし、保護者・教職員の養護教諭への期待も高まっている。しかし、……。不況・財政難の時代にあっては、いつなんどき「大阪市学校看護婦〝半減〟案」といった「合理化」案や「巡回制学校看護婦構想」が登場してこないともかぎらない。

もしそんな事態に直面したとしても、仲間とともに胸をはって自らの専門性を主張することができるようであってほしい。先達が生涯をかけて受け渡してくれたバトンを、確実に次の世代に手渡していただきたい。何よりも子どもたちの幸せのために。

おわりに

本書は、「養護訓導」職制の成立までの歴史を、学校衛生の不可欠な担い手である教育職員としての学校看護婦が社会的に承認されていく過程として描こうとしたものです。学校看護婦自身の実践的努力と、それを支援した学者・行政家・学校医の理論活動とをクロスさせながら、制度的確立が遂げられていくさまを浮かび上がらせたい、というのが執筆開始当初の構想でした。

言うまでもなく、私の「養護教論成立史の研究」は、杉浦守邦先生の業績をはじめとするこれまでの「養護教論の歴史」に関する先行研究に導かれてのものであり、本書もそれら先人による諸業績なしには生まれることはなかったでしょう。著書・論文から引用・転載させていただいた杉浦守邦先生、澤山信一先生、資料提供にご協力いただいた山梨八重子先生、「聞き取り調査」をご一緒させていただいた坂口せつ子先生、坂本玄子先生に、まずはこの場を借りてお礼を申し上げます。

執筆にあたって、私は次のような方法的観点を意識しました。

ひとつは、『衛生日誌』などの一次史料をふくむ地方史料（岐阜・長野・大阪）を活用し、無理解や偏見を乗り越えて活躍する学校看護婦の生きざまに光をあて、先達の諸実践を歴史のなかに位置づけようとしたこと。

いまひとつは、学校看護婦の制度的確立のための理論的基盤を準備した、学者・行政家・校医（山口　正、三島通良、石原喜久太郎、山田永俊、沢柳政太郎）などの業績に着目し、それを成立史のなかに積極的に位置づけることによって、広く「日本の子どもの健康を守る教育」の歴史といった視野で「養護訓導」職制の成立をとらえようとしたことです。

すなわち、これらの観点を意識することによって、実践と理論、運動と政策のダイナミックな関係を伝えるものにしたい、と考えたのでした。その成否は読者の方々の判断をまつよりほかないのですが、政策中心の「制度史」を乗り越えようとしたその意図を理解していただけるならば、今後の養護教諭成立史研究の布石の役割を果たせた、と考えています。

とはいえ、残された課題も少なくありません。「養護教諭成立史の研究」とタイトルを付したもののの、今回は「『養護訓導』職制の成立」までの時期を対象するにとどまりました。「後篇」（戦後篇）をまって完結ということになります。

「戦前篇」では、資料的な制約もあって〝子どもの側からみた養護教諭〟の実像に迫ることができませんでした。「戦後篇」では、ぜひこの課題にも挑戦してみたいと考えています。

エピローグでも紹介したように、戦後、養護教諭は、サークル活動、組合運動に参加しつつ、仲間とともに自らの仕事の内実を明らかにしていくために自主的な学習の場を作りだし、そうした

〝共同の学習〟のなかで一人ひとりの養護教諭が成長を遂げていくというすじ道を追求してきました。こうした養護教諭の、個人史ではない〝集団の歴史〟のもつ意味を探ることも、「養護教諭の戦後史」の重要なテーマの一つとなるでしょう。

本書がひとつの〝呼び水〟となって、養護教諭自らの手によって「私たちの歴史」が書かれていくことを期待しています。

本書は、月刊『健康教室』（東山書房）誌上に、一年間（一九九二年四月号〜一九九三年三月号）にわたって連載したものをまとめたものです。連載執筆をすすめてくださったのは同誌編集デスク（当時）藤井康夫さんでした。編集部の池田佐知子さんには原稿整理で大変お世話になりました。また、私を教育史研究へと導いてくださった大学院時代の指導教員・山住正己先生（元・東京都立大学総長）からは、「連載を読ませてもらっています。単行本になるのを楽しみしています」という励ましの言葉をいただきました。

また、資料収集にあたっては、国立国会図書館、長野県立図書館、大阪市立中央図書館、大阪市教育研究所、岐阜県立図書館の職員の方々にたいへんお世話になりました。岐阜県立歴史資料館の白木宏司先生には、年度末の異動準備でご多忙中のところ、突然の申し出にもかかわらず、「広瀬ます女史碑」に車で案内していただきました。

清書のワープロ打ちは教え子の加藤潤子さんが、巻末の「年表」と「索引」づくりは大学院生の井土晶子さんがやってくれました。

　みなさんのおかげです。ありがとうございました。

　あれから一〇年。大修館書店編集部の加藤順さんのおかげで、ようやく出版にこぎつけることができました。

　しかし残念なことに、ずっと刊行を気にかけてくださっていた山住正己先生に、出来上がった本書を見ていただくことができなくなってしまいました。二〇〇三年二月一日、肺炎のため逝去されたのです。

　山住正己先生。先生の博士論文「唱歌教育成立過程の研究」に導かれて、二四歳の時にスタートした「学校看護婦の成立過程に関する研究」（修士論文）を、二五年たってようやくこのような形でまとめることができました。ありがとうございました。

二〇〇三年三月二三日

「山住正己先生とお別れする会」を終えて
近藤　真庸

●関連事項年表

以下の「年表」は、本書に登場してくる人物、施策・制度ならびにそれらに関連する事項を、時系列にそって整理したものです。なお、重要人物については、**太字**で表してあります。「索引」と併せてご活用ください。

一八九一（明治二四）
・**三島通良**「文部省学校衛生事項取調嘱託」となる。（九月）

一八九六（明治二九）
・「学校衛生顧問会議」設置。**三島通良**「学校衛生主事」となる。（五月）

一八九八（明治三一）
・勅令「公立学校に学校医を置く」（一月）
・**坂部行三郎**『教育時論』第四六一号に論説「学校医に就いて」を発表。学校医制に対する危惧を表明。（二月）
・文部省令「学校伝染病予防及消毒方法」（九月）
・**沢柳政太郎**「文部省普通学務局長」に就任。（一一月）

一九〇〇（明治三三）
・**三島通良**、文部省学校衛生課長［初代］に就任。（四月）
・「小学校令」の改正。学校衛生に関する条項が数多く盛り込まれる。（八月）

一九〇一（明治三四）
・**山田永俊**、岐阜市高等小学校の近隣で「山田眼科院」開業。（一〇月）

一九〇三（明治三六）
・**石原喜久太郎**「文部省学校衛生取調事務嘱託」に就任。（一月）
・「学校衛生顧問会議」廃止、**三島通良**を更迭。（四月）
・内務省から各県知事宛に「トラホーム予防の通牒」。（五月）

一九〇五（明治三八）

・日本で最初の学校衛生専門月刊誌『学校衛生』（学校衛生研究会、主幹・原田長松）創刊。（五月）

・**池田鉄之助**、『学校衛生』第六号で、「何れの学校にも適当の学校医を置きて常に衛生上の監督をなさしめ」と提言。（一〇月）

・**山田永俊**（岐阜県の眼科医）、「各学校に於ては当該生徒のみならず、之に関聯せる家庭の予防及治療に対し充分の警戒と治療を施すの方針を取られんことを切望」（『学校衛生』第六号）。（一〇月）

・「文部省学校衛生課」廃止、「学校衛生主事」廃官。（一二月）

一九〇六（明治三九）

・岐阜県羽島郡竹ヶ鼻尋常高等小学校および笠松尋常高等小学校で、トラホーム洗眼治療のための派遣看護婦を採用。（九月）

・岐阜県が市町村あてに「患者多数なる学校所在地の市町村にありては看護婦の養成又雇聘し治療に補作せしむること」を通牒。（一二月）

・**沢柳政太郎**、ロンドン大学での講演草稿「我が国の教育」で、学校衛生について「最も学理的に実行されて居る」と紹介。（一二月）

一九〇八（明治四一）

・岐阜市高等小学校（現在の岐阜市立京町小学校）で、県立病院（現在の岐阜大学医学部附属病院）から看護婦を招聘してトラホームの治療を開始　**荒垣敏子**が看護婦として派遣される。（二月）

・岐阜市立高等小学校・**荒垣敏子**の後継者として**広瀬ます**が岐阜県立病院から派遣される。

（九月）

一九〇九（明治四二）

・岐阜市高等小学校・**広瀬ます**を市費による専任学校看護婦として採用（県立病院からの派遣職員としての身分から学校職員に変更）。（一一月）

・**沢柳政太郎**『実際的教育学』を上梓。

一九一〇（明治四三）

・**石原喜久太郎**、「文部省学校衛生取調嘱託」に命ぜられる。（一月）

一九一一（明治四四）

・**石原喜久太郎**、欧州へ学校衛生視察。（三月）

・**山田永俊**『通俗眼病論』を自費出版。

一九一四（大正三）

・**石原喜久太郎**　欧州視察より帰国。（一月）

・**石原喜久太郎**「学校衛生講習会」企画案を文部大臣に建議。（四月）

・「第一回　文部省学校衛生講習会」（於東京帝国大学医科大学）開催。（一一月二一〜二二日）

・「国家医学界第二八次総会」において、**石原喜久太郎**が「学校衛生の発展に関する卑見」と題して講演。「一般共通的方面」から「個人的方面」に力点をおいた学校衛生への転換を提言。

一九一六（大正五）

・**石原喜久太郎**「学校衛生の現状及革新の方針」（『現代教育』第三三号）を発表。ドイツの学校看護婦の具体例を紹介する。（三月）

・文部省に「学校衛生官」一名がおかれる。（六月）

・**山口正**「学校看護婦」（『小学校』第二二巻二号）を発表。欧米の学校看護婦発達史および現状を紹介するとともに、日本への学校看護婦制度の導入方法を検討する。（一一月）

一九一七（大正六）

・「第一回　大都市連合教育会」（主催：東京市教育会）で、**山口正**（大阪市視学）が「都市小学校に看護婦を置き、学校医と相俟って保健に関する職務を執らしむるの可否」（大阪市教育会提出）を提案。過半数を得て可決される。（一一月一八〜二一日）

一九二〇（大正九）

・**沢柳政太郎**、成城小学校を創設し校長に就任。**三島通良**を「顧問兼学校医」に起用。

・「学校医ノ資格及職務に関する規定」改訂。学校医の職務として「病者、虚弱者、精神薄弱者ノ監督養護ニ関スル事項」が加えられる。（二月）

・「改訂・身体検査規定」で、従来の検査中心の身体検査から事後措置に重点をおいた身体検査へと大転換をとげる。（七月）

・**石原喜久太郎**が『石原学校衛生』を上梓する。

一九二一（大正一〇）

・東京市直営小学校に「学校衛生婦」がおかれる。（四月）

・文部省大臣官房に「学校衛生課」が設置される。（六月）

一九二二（大正一一）

・大阪市北区済美学区内の小学校六校すべてに一校一名の割（「一校一名専任駐在制」）で「学校衛生婦」が配置される。（四月）

・「日本赤十字社」東京、千葉、大阪で学校看護婦派遣。

・文部省より「東京女子師範学校附属小学校及同附属幼稚園」にそれぞれ一名ずつ学校看護婦（矢尾板ヨキ、依田春子）を派遣。（六月）

・**北豊吉**（文部省学校衛生課長）「少年赤十字と学校衛生」（『博愛』第四二三号）を発表。少年赤十字事業への期待を述べ、日本赤十字社と〝エールの交換〟を行う。

一九二三（大正一二）

・学校看護婦全国で一一一名。（文部省「第一回　学校看護婦全国調査」）
・岐阜市、市内全校に学校看護婦を配置。（四月）
・大阪市「学校衛生婦」五二名配置。
・大阪市教育部『学校衛生婦の栞』発行。（一九二三年四月初版発行、一九二七年二月改訂増補版発行）
・文部省より「東京都豊多摩郡渋谷町役場」に学校看護婦（篠本フク）を派遣。（六月）
・東京都豊多摩郡渋谷町役場の学校看護婦の廃止が決まる。（一一月）
・「全国学校衛生主事会議」で文部大臣より「学校看護婦の適当なる普及方法及職務規程如何」の諮問。答申に「学校看護婦職務規程」が示される。（一一月）
・文部省学校看護婦普及のため「学校衛生主事会議の答申」及「学校看護婦執務指針」を地方庁に配送。（二月）

一九二四（大正一三）

・「第一回　学校看護婦学校衛生講習会」開催。（三月）
・文部省「第二回　学校看護婦全国調査」を実施、三一六名と発表。（五月）
・「日本赤十字社」山梨、福島、岡山、満州で学校看護婦派遣。
・大阪市「学校衛生婦」六二名配置。
・「大阪市学校衛生会」発足。（六月）

一九二五（大正一四）

・「第二回　学校看護婦学校衛生講習会」開催。（三月）
・「第三回　学校看護婦全国調査」を実施、五〇四名と発表。（五月）

一九二六（大正一五）

- **山口正**、大阪市社会部長に就任。
- 「日本赤十字社」兵庫、栃木、滋賀、山形、島根、山口で学校看護婦派遣。
- 「第三回　学校看護婦講習会」開催。（一月二六日）
- 「日本赤十字社」長野、宮崎で学校看護婦派遣。
- 長野県松本女子師範学校附属小学校及松本市源池部小学校に**倉島くらじ**が、上高井郡須坂小学校に**熊井ふずえ**が学校看護婦として派遣される。（六月〜七月）

一九二七（昭和二）

- 「第四回　学校看護婦講習会」開催。（三月）
- 文部省「学校看護婦全国調査」を実施、九七一名と発表。（五月）
- 大阪市教育部編纂『学校衛生実務録　第一輯』発行。（三月）

一九二八（昭和三）

- 大阪市「学校衛生婦」二一四名の全校配置完了。
- 「第五回　学校看護婦講習会」開催。（三月）
- 文部省学校衛生課の外郭団体である帝国学校衛生会（会長・三宅秀）が「学校看護部設置趣意書」を配布して会員の募集を開始（四月）。この呼びかけに応えて約五〇〇名が加入。（一〇月）
- 帝国学校衛生会看護部の機関誌『養護』創刊。（一一月）
- 長野県上伊那郡赤穂村立赤穂小学校に学校看護婦として**久保田ゆう**が派遣される。
- 学校看護婦、全国で一一九九名。（文部省「学校看護婦全国調査」）

一九二九（昭和四）

- 長野県埴科郡松代尋常高等小学校に**塩野入みつい**赴任。（四月）

一九三〇（昭和五）

・文部省訓令「学校看護婦に関する件」。（一〇月）
・大阪市教育部編纂『学校衛生実務録　第二輯』発行。（四月）

一九三一（昭和六）

・長野県埴科郡松代尋常高等小学校に**森輝江**赴任。（四月）
・学校看護婦、全国で一八二四名、「全校配置都市」五二市。（文部省「学校看護婦全国調査」）
・柳条湖事件、満州事変へ。（九月一八日）

一九三二（昭和七）

・大阪市会で、市当局が財政難を理由に市内学校衛生婦の半減案を提出。（二月）
・「第四回　全国学校看護婦大会」（於大阪市愛日小学校）で「学校看護婦に関する職制を速やかに制定せられんことを重ねて文部省に建議するの件」（岐阜市及び大垣市小学校看護婦会・提案者・**広瀬ます**）および「学校看護婦の健全なる発展のため速やかに統一したる職制を制定せられんことを当局に建議するの件」（東京市学校衛生婦会提案、提案者・森川初枝）の二つの建議案を満場一致で可決。（三月）

一九三三（昭和八）

・帝国学校衛生会看護部の機関誌『養護』、『学童養護』と改題（一九三七年一二月まで毎月発刊）。

一九三四（昭和九）

・文部大臣・鳩山一郎が学校衛生調査会に対して「学校看護婦（学校衛生婦）令要項」を諮問。（一月）

一九三五（昭和一〇）

・**山口正**、大阪市社会部長を退職。
・長野県埴科郡松代尋常高等小学校に**橋詰いさ美**赴任。（一一月）

一九三七（昭和一二）	・長野県内の学校看護婦……五名。 ・蘆溝橋事件、日中全面戦争へ。（三月七日）
一九三八（昭和一三）	・第七一回帝国議会（衆議院）で野中徹也（埼玉県選出）議員ほか三〇名により「小学校ニ看護婦配置ニ関スル建議案」が提出され可決される。（七月） ・第七二回帝国議会（衆議院）に「学校看護婦職制制定ニ関スル請願書」が提出され可決・採択される。（三月） ・文部省が「学校養護婦令案」の起草にとりかかる。（三月） ・長野県内の学校看護婦……一一名。
一九四〇（昭和一五）	・全国の学校看護婦数四〇〇〇名。（四月） ・長野県内の学校看護婦……二二名。
一九四一（昭和一六）	・「国民学校令」公布。「養護訓導」の職制化。（三月） ・真珠湾攻撃、太平洋戦争開始。（一二月八日）
一九四五（昭和二〇）	・終戦（敗戦）。（八月一五日）
一九四七（昭和二二）	・学校教育法公布。「養護教諭」と改称される。（三月）

（年表作成　井土晶子）

ま　行

や　行

ら　行

わ　行

（索引作成　井土晶子）

た 行

な 行

は 行

さ　行

索　引

あ　行

か　行

[著者略歴]

近藤　真庸（こんどう　まさのぶ）

岐阜大学地域科学部助教授（健康教育学）

1954年　愛知県に生まれる。

1977年　東京教育大学体育学部健康教育学科卒業

1985年　東京都立大学大学院人文科学研究科博士課程（教育学）単位取得

主な著書は、『シリーズ・養護教諭実践の創造（全3巻）』（共編著、青木書店、1988年）、『保健授業づくり実践論』（単著、大修館書店、1997年）、『保健室の三十一文字』（編著、星雲社、1998年）、『〈シナリオ〉形式による保健の授業』（単著、大修館書店、2000年）、『歌って！踊って！健康百歌』（編著、明治図書、2001年）。

養護教諭成立史《ようごきようゆせいりつし》の研究《けんきゅう》　―養護教諭《ようごきようゆ》とは何《なに》かを求《もと》めて―

NDC372 226p 20cm

初版第1刷発行――――2003年6月30日

著　者――――近藤真庸《こんどうまさのぶ》

発行者――――鈴木一行

発行所――――株式会社 大修館書店

〒101-8466 東京都千代田区神田錦町3-24

電話03-3295-6231（販売部）03-3294-2359（編集部）

振替00190-7-40504

[出版情報] http://www.taishukan.co.jp

装幀者――――下川雅敏

印刷所――――藤原印刷

製本所――――関山製本

ISBN4-469-26530-6　　Printed in Japan